JN314005

米国に学ぶ
私立大学の経営システムと資産運用

小藤康夫 著

八千代出版

は じ め に

　日本の私立大学は 18 歳人口の減少から経営が難しい時代に突入している。学生からの授業料収入に全面的に依存する経営システムのもとでは、学生定員の確保が大学運営の大前提となる。ところが、最近では半数近くの私立大学が定員割れの状態にある。これでは将来が極めて不安である。

　それでも大規模な主要私立大学は定員を確実に確保している。知名度を活かしながら十分な数の学生を抱え、大学本来の使命である教育・研究活動を展開している。だが、現状に満足しているわけではないだろう。近い将来を考えれば、定員確保だけでは大学経営が安定しないことを予感しているからだ。

　そのことを象徴する動きとして資産運用が挙げられる。大学間の競争が激化する中で授業料収入だけで大学を支えるのが将来的に難しくなりつつある。主要私立大学では授業料収入の補完手段として資産運用に積極的に取り組んでいる。

　そうした中で 2008 年 9 月に起きたリーマンショックの影響をもろに受け、大量の損失を抱えてしまった。マスコミはその実態を一斉に報道し、リスクを伴う資産運用の危険性を訴えた。その結果、大学による資産運用は控えるべき風潮がみられた。

　確かに予想を超えた損失額が東京だけでなく全国の私立大学で次々に発表され、多くの人々は不安に感じたであろう。同じような失敗を繰り返せば、定員を確実に確保しても破綻に追い込まれてしまう。

　だが、これからますます厳しい経営環境に立たされることを考えれば、資産運用を無視するわけにはいかない。運用の極意をしっかりと把握すれば、逆に大学経営を安定化に向かわせる役割も果たすであろう。

　実際、巨額損失を抱えた大学を調べていくと、資産運用に対する認識が曖

昧であり、しかも資産運用体制も不備であった。これでは絶えず変化する運用環境のもとでは安定した収益が得られにくい。それどころか失敗に陥ってしまう。

　一方、米国の大学では資産運用が重要な業務として位置付けられ、運用収益が大学予算でかなりの割合を占めている。米国を代表する大学の中には学生からの授業料収入を上回るところもあるくらいだ。それは資産運用のノウハウを熟知し、運用体制が完全に整備されているためである。まさに機関投資家として位置付けられている。

　こうして米国の大学では安定的で高利回りを生み出すのに対して、日本の大学は反対に不安定で低利回りの状態に苦しんでいる。本書では米国の大学で展開する高度な資産運用業務を紹介しながら、なぜ日本と米国の大学でまったく対照的な運用成果が生じるのかを探っている。

　両者の違いを追求していくと、資産運用のテクニックだけに留まらず、運用資金の源泉に大きな違いが見出せる。米国の大学では寄付金が基本的に投資元本であり、この資金を大量に確保することで成功に導いている。

　こうした寄付金と資産運用は相互に関連し合うことで、大学を好ましい方向へ導いていく。例えば、大学が本来の教育・研究活動を疎かにすれば、寄付金が集まらず、運用は難しくなる。逆に大学が社会から評価される活動を行えば寄付金は大量に流入し、その資金を運用から膨らませることができる。

　結局、投資元本が寄付金であることで、資産運用のほかに大学の教育・研究活動を刺激する役割も同時に果たしている。本書ではこうしたつながりを強調しながらまとめている。この関連性が摑めなければ、大学の資産運用を理解したことにはならないであろう。

　突き詰めて考えていくと、大学が社会で評価される活動を行うには、人々のニーズを敏感に嗅ぎ取り、それを内部に反映する効率的な経営組織が必要である。寄付金と資産運用の関係を追求していくと、大学の経営システムについても検討しなければならないことがわかる。

こうした認識はわが国ではあまり馴染んでいない。寄付金そのものが大学にあまり流れていないからである。しかし、いずれ寄付金の果たす役割が社会で認識されるにつれて、日本の私立大学も米国と同じようなスタイルを踏襲していくものと思われる。

　なお、本書の内容は著者個人の見解に基づくものであり、所属する機関とは一切関係していない。このことをお断りしておく。

2013 年 7 月

小 藤 康 夫

目　　次

はじめに　i

第1章　私立大学の経営システムと資産運用　　1
第1節　私立大学を取り巻く諸問題……1
(1) 半数近い定員割れ私立大学　1
(2) 二極分化した私立大学市場　4
(3) 硬直的なカリキュラム　6
第2節　私立大学の組織構造……7
(1) 理事会と教授会の関係　7
(2) エージェンシー理論の適用　10
第3節　日米大学間にみられる収入構造の相違……12
(1) 米国にみられる大学収入の分散化　12
(2) 大学経営のエージェンシー・コストと収入構造の関係　14
第4節　本書の目的と要旨……17
(1) 寄付金を原資とする資産運用　17
(2) 米国に学ぶ資産運用　20
(3) 米国に学ぶ経営システム　24

第2章　私立大学の正しい運用利回りを求めて　　27
第1節　運用悪化に苦しむ私立大学……27
(1) 世界経済危機の発生　27
(2) 私立大学の運用の失敗　28
(3) リーマンショック後の運用の失敗　31
第2節　私立大学の運用成果を示す指標……33
(1) 運用可能資産の定義　33
(2) 3種類の運用指標の定義　36
(3) 総合利回りと運用可能資産の関係　40
(4) 第Ⅲ分類の私立大学を対象にした計測　46
第3節　運用の実態を反映しない私立大学の決算……47
(1) 評価損と含み損の相違　47
(2) 含み損を反映した運用利回り　50

第3章　米国に学ぶ私立大学の正しい資産運用体制　　55
第1節　運用成果を示す新指標……55
　(1)　新運用利回りの導入　55
　(2)　変動をもたらす含み損益の影響　56
第2節　日本の大学における資産運用体制……62
　(1)　資産運用の重要性　62
　(2)　日本型大学モデル　63
　(3)　積極的資産運用の優位性　70
　(4)　収支差額の変動　73
第3節　米国の大学のおける資産運用体制……77
　(1)　寄付基金の存在とペイアウト・ルールの適用　77
　(2)　米国型大学モデル　79
　(3)　資金の性格と投資姿勢　84
第4節　寄付金が大学本体に及ぼす影響……85

第4章　日米大学間の収入構造と資産運用　　91
第1節　大学の資産運用と寄付金の存在……91
　(1)　巨額損失を抱えた私立大学　91
　(2)　米国に学ぶべき大学経営の手法　92
第2節　日本の私立大学における収入構造と資産運用……94
　(1)　私立大学の収入構造　94
　(2)　私立大学の資産運用　97
第3節　米国の大学における収入構造と資産運用……99
　(1)　米国の大学の収入構造　99
　(2)　米国の大学の資産運用　103
第4節　ハーバード大学の財政報告書……105
　(1)　損益計算書と貸借対照表　105
　(2)　大学基金の実態　110
第5節　社会的ニーズを反映した活動……115
　(1)　寄付金を原資とした資産運用　115
　(2)　大学による2種類の活動　116

第5章　米国の大学基金による資産運用行動　　　119

第1節　リーマンショックの影響……119
(1) 米国の大学基金　119
(2) 運用の特徴　121

第2節　安定的で高いリターンを生み出す仕組み……123
(1) 長期投資の魅力　123
(2) 運用資産の中身　125

第3節　規模の利益が反映された資産運用……127
(1) 規模別による運用収益率　127
(2) 規模別による資産運用の配分　129

第4節　イェール大学の資産運用……131
(1) イェール大学の概観　131
(2) 資産運用の成果　134
(3) 運用戦略と保有資産の構成　138

第5節　研究を支える堅固な資産運用体制……141
(1) 大学基金の存在　141
(2) 研究大学を目指すための条件　142

第6章　私立大学の経営改善策　　　145

第1節　米国に学ぶ大学システムの改善策……145
(1) 任期制　146
(2) 内部出身者の原則禁止　147
(3) 9カ月分の給料　148
(4) 1科目ごとの授業料納付　149
(5) 休講の禁止　150
(6) 紀要の撤廃　150
(7) 留学生を活かした外国語教育　151
(8) 外国人教員の採用　153
(9) トップダウン型の大学運営　154

第2節　大学システムの大転換……155
(1) 大学教員の分業化　155
(2) 学部の運営　158
(3) 入試制度　162
(4) 大学院の在り方　164

第 3 節　終わりに―斬新な大学活性化策―……168
　（1）　昼休みの廃止　168
　（2）　早朝会議の実施　169
　（3）　結婚課の設立　170
　（4）　クォーター制の導入　172

参 考 文 献　175
資　　　料　179
索　　　引　201

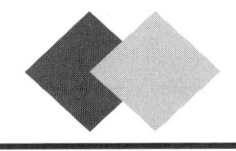

第1章

私立大学の経営システムと資産運用

第1節　私立大学を取り巻く諸問題

(1) 半数近い定員割れ私立大学

　わが国の私立大学は志願者数と定員がほぼ一致する全入時代を迎えている。18歳人口が1992年にピークに達し、その後、減少傾向を辿る中で、逆に新設大学が年々増え続けているためだ。過去に競争倍率の異常な高さから受験戦争という言葉が使われていた頃を思うと、隔世の感がある。

　ただ、全入時代といってもすべての私立大学が定員を確保しているわけではない。定員割れの大学も増え続けている。**図表1-1**はそうした私立大学の定員充足の実態を1989年度から追ったものである。「100％以上」が定員を完全に確保した大学であり、「100％未満」が定員割れとなる。ここでは未充足状態に陥った大学を「50％以上100％未満」と「50％未満」の2種類に分類している。

　定員割れの実態は大学数を棒グラフで示すことでもわかるが、その割合を折れ線グラフで示すことで深刻な状況がさらに伝わってくる。それによると、2012年度の定員割れは45.8％である。ほぼ半分近い私立大学が定員割れの状態に陥っているのが現状である。その結果、十分に大学で教育を受けるだけの学力がないまま入学する学生も増えたため、今日では大学の質の確保が社会的な問題になっている。

　こうした問題に触れるたびに誰もが感じるのは、なぜ監督機関である文部

図表1-1 私立大学の定員充足の実態

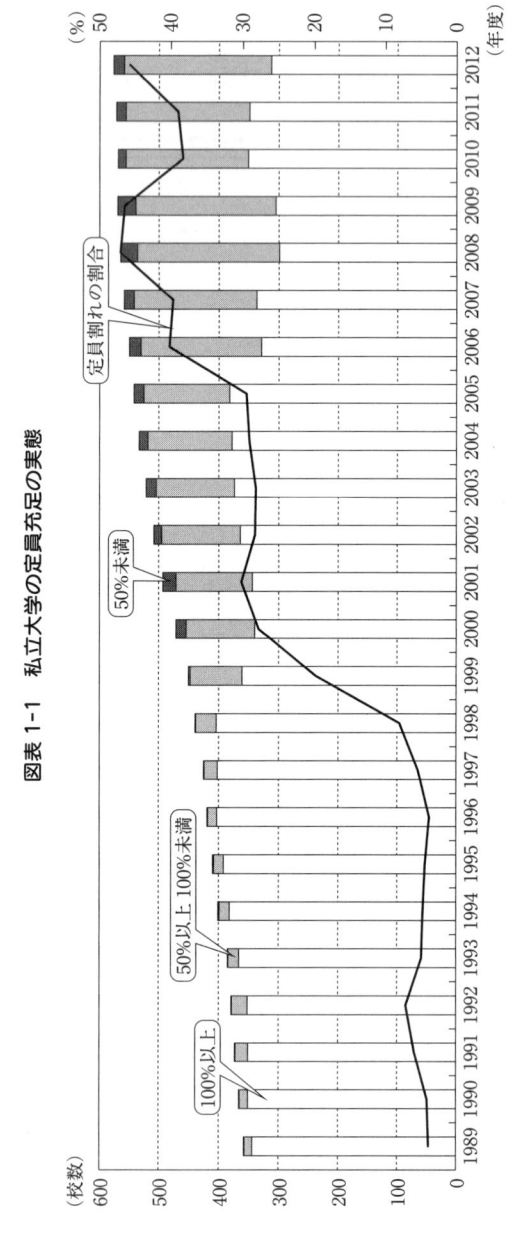

資料：日本私立学校復興・共済事業団『平成24（2012）年度 私立大学等入学志願動向』から作成。

科学省は新設大学を次々と認めるのかという疑問である。少子化の流れを止めるのはかなり困難であり、日本ばかりでなく他の先進諸国でも進行する共通の悩みである。18歳人口の減少傾向は誰でも予想できたはずである。

　実際、2012年11月に当時の田中真紀子文部科学相が3大学の新設を不認可と判断する問題が突如として起きた。大学数が多く、質が低下していることを理由に大学の設置許可手続きの厳格化を訴えた。しかし、最終的には不認可を突きつけられた3校のほかに、国会からも猛烈な反対にあい、新設を認可する方向に転じた。

　田中氏だけでなく多くの人が懸念する大学の新たな設置は、18歳人口の減少とまったく対照的に増え続けている。それを強力に後押ししているのが大学設置基準の緩和にある。文部科学省は大学設置を自由化することで、大学数を増やそうとしている。

　その目的のひとつは大学進学率の引き上げにあるようだ。わが国の大学進学率は1990年に36％であったが、2009年には50％に伸びている。ところが、諸外国ではさらに高い数値が示されている。

　例えば、オーストラリアは同じ期間に35％から94％に、韓国は37％から71％に、米国は45％から69％に、フィンランドは45％から69％に、スウェーデンは31％から69％に上昇している（参照：『朝日新聞』2012年11月23日）。

　しかも大学進学率が高い国ほど経済成長率も高い傾向にある。成長率を伸ばすには迅速な産業構造の転換が必要であり、その動きを支えてくれるのが進学率の高さなのであろう。だからこそ両者の間にパラレルな関係が成立するのである。

　文部科学省はこの関係を信じ、大学数を増やすことで進学率を高めようとしている。確かにマクロ経済の視点から考えれば、進学率の上昇はわが国の経済発展に貢献するであろう。だが、メリットはそれだけに留まらない。好意的に解釈すれば、大学数を増やすことで市場原理が作用し、質の向上にもつながっていく。むしろ、この側面を期待したからこそ、大学設置の自由化

が促進されたとも思われる。

(2) 二極分化した私立大学市場

このように18歳人口の減少傾向の中で私立大学が増えたために全入時代を迎えてしまった。ただ、志願者数と定員がほぼ等しくなったからといっても、大学によっては定員割れに陥っているところが半数近くもあり、二極化現象が起きている。

個別大学でみると、志願者数が定員を超える人気の大学がある一方で、反対に不人気の定員割れ大学が存在している。まさに両極端な大学が並存しているのがわが国の私立大学である。

しかし、大学数が増えれば競争原理が作用するので、何らかのパラメータが動くことで大学間の調整が促される。さまざまな手段が考えられるが、最も代表的なものは授業料であろう。授業料を動かすことで志願者数と定員のギャップを調整できると考えられる。

本来、私立大学は独自の経営を展開するのが基本なので、大学ごとに授業料が異なるのが自然な姿であろう。ところが、わが国の大学では分野が同じであれば授業料もほぼ同じである。まったく同一金額ではないが、それほど差がないのが特徴である。

一部の人にとっては好ましいシステムにみえるかもしれないが、このことが私立大学の二極化現象を生み出しているようにみえる。そのことを以下で説明しよう。

図表 1-2 は二極分化した私立大学市場を描いたものであり、選抜可能な私立大学市場と定員割れの私立大学市場が置かれている。縦軸に授業料を取り、横軸に学生数を取ることで、それぞれの市場における需要曲線と供給曲線が表されている。

ここで注意しなければならないのは両市場とも共通の授業料が課されていることである。この制約が歪な市場を生み出す根源となる。

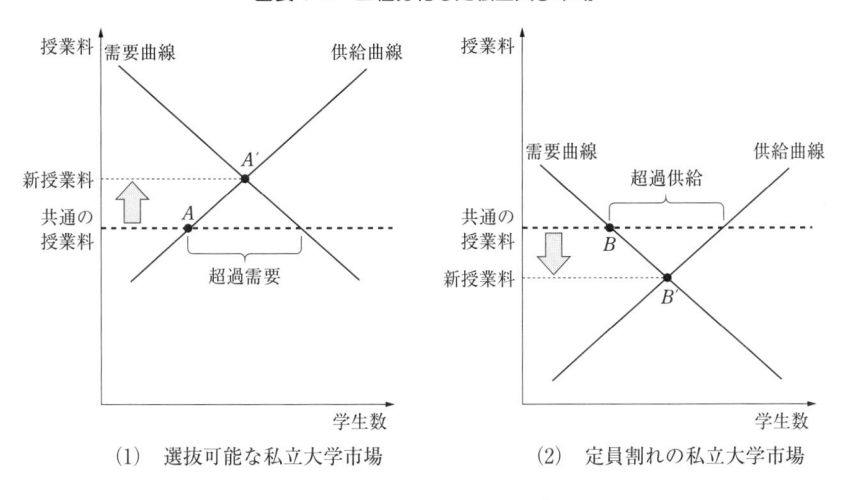

図表1-2　二極分化した私立大学市場

（1）選抜可能な私立大学市場　　　（2）定員割れの私立大学市場

　まず、選抜可能な私立大学市場（左図）では人気の高さから入学を希望する学生が多いため、共通の授業料のもとではショートサイドのA点で決定される。それゆえ、需要が供給を上回る超過需要の状態が発生する。

　本来の市場原理が働くならば授業料は引き上げられるであろう。その場合、需要曲線と供給曲線が交わるA'点で新授業料と学生数が決定され、超過需要はなくなる。

　それに対して定員割れの私立大学市場（右図）は反対に入学を希望する学生が少ないため、共通の授業料のもとでは超過供給の状態になり、ショートサイドのB点で決定される。超過供給をなくすには授業料を引き下げればいい。ここではB'点に対応するところで新授業料と学生数が決定され、超過供給はなくなるであろう。

　このようにわが国の私立大学市場は共通の授業料が課されているために、選抜可能な私立大学と定員割れの私立大学という二極化現象が発生している。それを解消するのは極めて簡単である。市場メカニズムに従いながらパラメータである授業料を変化させることである。つまり、超過需要の選抜可能な

私立大学では授業料を引き上げ、逆に超過供給の定員割れの私立大学は授業料を引き下げればよい。

　だが、残念なことに大胆な授業料の変更がなかなかできないのが現状である。市場原理に従うだけで問題が解消できるにもかかわらず、それを実行するだけの柔軟な組織を持ち合わせていないのがわが国の大学経営の実態のようである。

　海外に目を向ければ、米国では有名私立大学と地方の小さな大学では授業料にかなりの格差が存在する。人気の高い大学とわずかな需要しかない大学が並存するためであり、むしろ、その姿のほうが自然かもしれない。ところが、わが国ではそうした現象は起きていない。授業料に大きな格差を設けるのを嫌う傾向が強いようである。

(3) 硬直的なカリキュラム

　授業料を弾力化することで調整できるにもかかわらず、動かそうとしないのは不思議な気がするかもしれない。授業料の改定は大学経営の根幹に関わるので、そう簡単に変更できる性格のものではない。それゆえ、授業料を調整パラメータと捉える発想そのものに疑問を感じる人もいるであろう。

　しかしながら、調整力不足は授業料だけでなく、世間一般の常識では考えられないような領域にまで及んでいる。それは私立大学に限ったことではなく、国公立大学も含めたわが国の大学で共通した問題でもある。

　例えば、授業内容やカリキュラムといった大学の教育サービスもかなり硬直的であり、社会の要求に応じているようにはみえない。そのことは企業が大学に多くを期待しないことからも窺い知れる。

　『週刊ダイヤモンド』（2011年2月12日号）が発表した人気企業100社のアンケート結果によると、大学生を採用するうえで最重要視する資質として上位を占める項目がコミュニケーション能力、熱意・意欲、主体性、行動力であった。これらの項目は大学の提供するサービスの成果とは異なる要因であ

る。むしろ、学生が入学以前から持ち合わせた能力あるいは性格として解釈するほうがよいであろう。

それに対して、すべての企業が取り上げなかった項目は学業成績、外国語能力、表現力である。大学が教育サービスの成果として訴えるべき項目にもかかわらず、企業はまったく期待していないのが実態である。結局、大学を卒業する学生に対して一般の企業は大学教育の成果を求めていない。あるとすれば、入学試験による選抜機能だけかもしれない。

類似した内容のアンケート結果は昔から散見されているので、驚く人はそれほど多くないかもしれない。だが、こうした結果が出されるたびに、なぜ大学は企業が期待するような教育体制に舵を切ろうとしないのか、不思議に思えるであろう。

いうまでもなく教育サービスの基盤であるカリキュラムを社会のニーズに合わせるように変更し、それを実行するうえで適切な教員を迅速に配置すればよい。そうすれば、悲惨なアンケート結果が企業から突きつけられることはない。だが、残念なことに改善に結びつく動きをみせないのが実態である。

第2節　私立大学の組織構造

(1) 理事会と教授会の関係

18歳人口が確実に減る中で、大きな動きに転じようとしないのは不思議な気がするが、基本的には危機意識そのものが浸透しない組織構造に問題があるように思える。そこで、早速、この点に注目しながら、大学の硬直化現象がなぜ起きるのかを探っていきたい。

図表 1-3は私立大学の組織図を描いたものである。ピラミッドの形をした組織の中で上部に位置するのが意思決定機関の理事会であり、代表が理事長である。評議員会は理事会の運営を基本的に監視するのが本来の仕事になる。具体的には大学の業務や財産の状態、あるいは役員の業務等をチェック

図表1-3　本来の大学組織図（ピラミッド型）

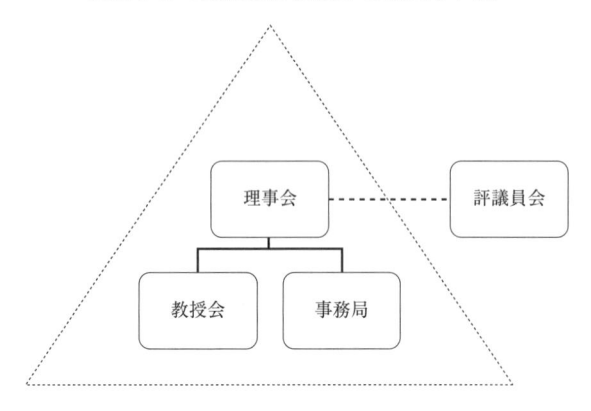

```
          理事会 ------ 評議員会
          ┌──┴──┐
        教授会   事務局
```

する。

　理事会が運営の方向性を定め、それに従って業務を遂行するのが下部に位置する教授会と事務局である。教授会のメンバーは教育・研究に直接携わる教授、准教授、講師等の教員であり、事務局は教育・研究を支える職員が中心となっている。

　したがって、理事会は教育・研究理念を実現するための具体策を次々に打ち出し、下部組織に位置する教授会ならびに事務局がそれを遂行していく。これならば時代の変化に対して迅速に応じられる。理事会が環境の変化を素早く感じ取れば、トップダウン型で問題を認識し、解決策を打ち出していくからである。

　わざわざ仕事の流れを説明しなくても、民間組織ならばトップが経営判断し、それを実行していくのが自然な姿である。私立大学もまったく同様と思われる。ところが、妙なことに日本の私立大学は本来の組織の在り方と違った運営が展開されている。

　そのことを表したものが**図表1-4**の組織図である。右側の理事会、評議員会、事務局の関係は変わらないが、教授会が理事会と並ぶように左側に位

図表1-4　実質的な大学組織図（並列型）

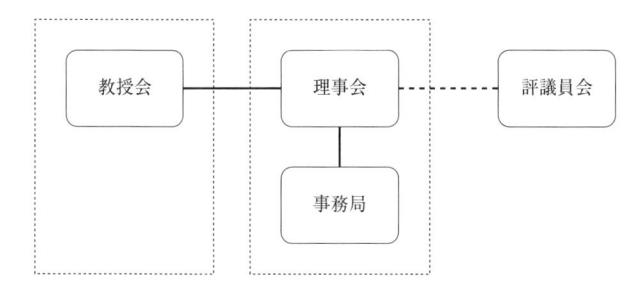

```
教授会 ── 理事会 ---- 評議員会
           │
         事務局
```

置付けられている。つまり、教授会が理事会と対等の関係にあるかのように運営されている。なかには本来の姿が逆転し、理事会よりも教授会がトップに位置しているかのようにみえる大学さえ存在している。

　もちろん、表向きは本来の組織構造の形態を取るが、実態は必ずしも当てはまらず、理事会と教授会が並列的な関係にある大学が目立つ。とりわけ規模が大きな私立大学ほど、この傾向が強いようにみえる。

　それでは、なぜ理事会がリーダーシップを発揮できるようなピラミッド型の組織を取らずに、実質上、理事会と教授会が並列的な関係にあるのだろうか。それは大学が提供する教育・研究サービスの特殊性にある。つまり、専門性があまりにも高いため、外部の人たちだけでなく理事会のメンバーにも理解しにくいサービスを提供しているからである。

　そのため、教育・研究サービスを直接提供する個々の教員を信じるしかなく、彼らで構成される教授会からの発言を尊重せざるを得ないのである。確かに教員が担当する個々の教育や研究に関わる事柄ならば、ある程度は納得のいく行動である。だが、わが国の教授会では大学経営に関わるあらゆる事柄にも積極的に意見を述べていく。本来ならば理事会の専権事項にもかかわらず、教授会で熱心な議論が展開される。

　例えば、授業料の値上げ等は大学経営の根幹に関わる問題なので、理事会の責任のもとで検討されるべき事項である。ところが教授会でもこの問題を

議論し、多くの場合、反対を表明することが多い。大学経営のすべてを把握していない限り、授業料の値上げ等に関わる問題は判断できないはずである。ところが、教育・研究につながる重要な問題として意見を発信するのが教授会の一般的な姿である。

　理事会は教授会が納得すればすぐに決断に踏み切れるが、そうでない場合は取りやめるか、あるいは実行するにあたっても時間をかなり費やすことになる。これでは迅速な対応が難しくなる。結局、緩慢な動きしかみせないのは実質的な組織構造が本来の姿と違っているからだと思われる。

(2) エージェンシー理論の適用

　私立大学であれ国公立大学であれ、教員が中心となって大学本来の業務が展開されている。幼稚園、小学校、中学校、高等学校も教員が中心となって学校業務を任されている。その意味では学校の種類に関わらず同じようにみえるかもしれない。

　確かに大学教員は教育という業務を任されている点ではまったく同じである。だが、専門知識に基づきながら知的好奇心が旺盛な若い学生を指導し、しかも新たな発見を追求する研究活動も行わなければならない。それゆえ、大学教員は専門的領域を扱う特殊な職種に属しているといえる。

　学問分野によっても多少異なるが、大学の教育・研究活動は一般の人が外部から把握するのが極めて難しい。専門知識を持った人ならば、ある程度は理解できても、その分野は絶えず変化するので動きを追っていくのも難しい。それゆえ、周りの人たちが大学の運営を正確に理解できなくても無理はないであろう。

　それならば、大学内部にいる人たちは自分たちの活動をお互いに理解し合っているかといえば、これも易しいことではない。とりわけ、大学経営を担う理事会は研究者の集まりではないので、個々の教員が行う教育・研究活動を正確に把握しているわけではない。大雑把に理解しているだけで、細かな

ことまでは把握不可能である。

　そのため、理事会は大学教員をひたすら信じるしかなく、彼らが行う教育・研究活動は正しいことを大前提にしながら大学を運営していかざるを得ない。だからこそ、理事会と教授会が対等の関係に位置付けられるような特殊な構造を持ち続けているものと思われる。

　一方、世の中の流れは時間とともに著しく変化していく。人々の要求も絶えず変化し、大学はその変化に応じて動いていかなければならない。その場合、大学教員が迅速で、しかも適格な教育・研究活動を展開できるかが、大学運営にとって重要なカギを握っていることになる。

　絶えず流行に敏感な教員ならば可能かもしれないが、ある種の宗教的な思いからか、自分自身の信念に基づいて独自の教育・研究を推し進める教員も目立つ。若い頃は世の中の流れに合致していても、時間の経過とともに取り残されてしまう恐れもある。これでは大学にとって大きな損失になる。

　本来ならば、変化に対応できない教員に向けて修正を促す動きが生じなければならないが、専門性が高いために客観的に判断できず、教員に任せるしかないのが現状である。理事会が採用を認めた教員が要求に応えないままでいるのは、まさに大学にとってエージェンシー・コストそのものである。

　そのことをエージェンシー理論にそのまま当てはめると、依頼人（プリンシパル＝Principal）である理事会が代理人（エージェント＝Agent）である教員組織の教授会に向けて教育・研究活動の権限を委託する構図が描ける。理事会の意向に沿った活動が教授会によって展開ができていれば問題は生じない。

　だが、理事会と教授会の間で利益相反が生じ、意思疎通ができないまま大学が運営されれば、本来の教育・研究サービスを十分に提供できないために無駄が生じる。それがエージェンシー・コストである。しかも、理事会と教授会の間だけでなく、大学を取り巻く関係者たちの間にも起きる厄介な問題である。

　一般的にエージェンシー問題は金融論の教科書の中で株主（プリンシパル

と経営者（エージェント）の関係を例に挙げて説明されることが多い。その場合は株式会社の成果である配当や報酬といった金銭の大きさから、ある程度、エージェンシー問題が認識できる。

ところが、ほとんどの大学は株式会社組織でないうえ、教育・研究サービスの評価は他の業種と違って、なかなか測りにくい性格を有している。この点が厄介なところである。

第3節　日米大学間にみられる収入構造の相違

(1) 米国にみられる大学収入の分散化

いま述べたように学問の成果は外部からみてなかなか捉えにくい性質を持っている。そのために厄介なエージェンシー問題を引き起こす危険性がある。本来ならば、それを阻止するための何らかの手段が講じられなければならないが、残念ながら何も行われていないのが今日のわが国の大学である。

だが、米国の大学ではこの問題に向けた取り組みが進んでいるように感じられる。教員が時代の変化に敏感に対応し、社会に貢献する仕組みがあらゆるところでみられる。それを促す基本的枠組みが日本の大学と異なった収入構造であろう。

わが国の私立大学では学生からの授業料が主要な収入源となっている。ところが、米国の主要私立大学では学生納付金が全収入の3分の1ほどであり、3分の2が寄付金による投資収入ならびに研究を目的とした補助金で成り立っている。

特に投資収入は重要な収益源であり、それだけで学生納付金を上回るほどのウエイトを占める大学も珍しくない。投資資金はさまざまな領域から獲得した寄付金であり、それを運用することで投資収入を生み出している。

そのため、多額の寄付金を獲得した大学ほど投資資金も大きくなり、そこから生み出される投資収入も拡大する。したがって、寄付金と投資収入は密

接な関係にある。

　しかも、興味深いのは収入構造であり、学生納付金、投資収入、補助金がバランスよく三分化されている。わが国の私立大学でも最近は外部資金の獲得を目指す動きがみられるが、いまだに学生からの授業料収入に全面的に依存する構造を持ったままである。

　このように日本と米国では収入構造が違っている。一見すると、わが国の私立大学のように学生からの授業料収入に全面的に依存した構造を持ったほうが経営が安定するようにみえるかもしれない。

　なぜなら、定員さえ満たせば、大学を運営するうえで必要な資金が確保できるからである。また、この条件は誰でも客観的に判断できるので、理事会は経営者としてしっかりと大学運営に取り組んでいくだろう。

　その一方で、教員で構成される教授会は本来の役割を逸脱する恐れが生じる。なぜなら、学生や社会から要望される教育・研究と懸け離れた行動を取っても定員さえ満たせば、大学経営上、問題が起きないからである。それゆえ、教員は変化に機敏に対応する努力を怠る可能性が高まってくる。

　もちろん、理事会は改善を促すように試みなければならないが、学問そのものがみえにくい性格であるため、教員任せとならざるを得ない。だから、何もしないままになる。ここに理事会と教授会の間にエージェンシー問題が発生することになる。

　この問題を回避するには人々のニーズを敏感に受け入れる体制を設けなければならない。その仕組みが大学収入の分散化であり、学生からの授業料収入だけに依存した収入構造からの脱却である。なぜなら、寄付金や補助金を獲得するには教員自らが資金提供者のニーズを満たさなければならないからだ。教員の自己満足だけでは難しい。

　もし、この条件を無視したまま教育・研究活動を続ければ、人々からの理解が得られないので、次第に大学への資金が途絶えてしまう。そうすれば大学運営は行き詰まってしまう。そうならないためには社会のニーズを反映し

た教育・研究内容に向けて改善を続けざるを得ない。

　米国の大学はそのことを十分に理解しているのであろう。だからこそ、大学収入の分散化を図っているものと思われる。まさにエージェンシー問題を克服するための仕組みが収入構造の変化として現れている。

(2) 大学経営のエージェンシー・コストと収入構造の関係

　いままでは理事会と教授会の関係を中心に説明してきたが、そのほかに理事会と大学を取り巻くすべての関係者の団体であるステークホルダーの間にもエージェンシー問題が起きる。**図表 1-5** はそうした2種類の関係を大学経営の全体像として描いたものである。

図表 1-5　大学経営の全体像

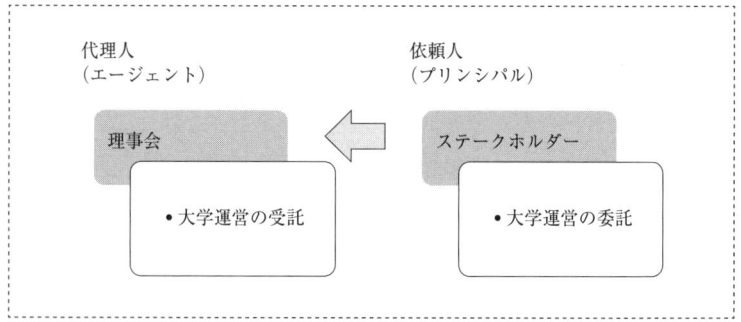

代理人 （エージェント）	依頼人 （プリンシパル）
教授会 ・教育・研究の受託	← 理事会 ・教育・研究の委託
理事会 ・大学運営の受託	← ステークホルダー ・大学運営の委託

まず、この図の上段では理事会と教授会の関係が示されている。教育・研究を理事会が教員で構成される教授会に任せるので、理事会が依頼人（プリンシパル）、教授会が代理人（エージェント）となる。そして、下段では理事会とステークホルダーの関係が示されている。ここではステークホルダーが依頼人（プリンシパル）、理事会が代理人（エージェント）になる。

ステークホルダーはさまざまな団体が考えられる。授業料を納める学生や父母のほか、寄付金を提供する個人や団体、また補助金を交付する中央政府や地方自治体等が挙げられる。そのほかに卒業生の団体や資金の借入先である銀行や地域の代表等も関係する。ただ、資金のつながりが強い存在がステークホルダーの中心になるのは間違いないであろう。

こうしてみていくと、大学は２種類のエージェンシー・コストに直面していることがわかる。ひとつは理事会と教授会の間に発生するコストであり、もうひとつはステークホルダーと理事会の間に発生するコストである。**図表1-6**はこの２種類のコストに注目しながら、これらが大学収入の構成に応じて変化する姿を描いている。

第１のコストはすでに説明してきたように依頼人である理事会の要望に応

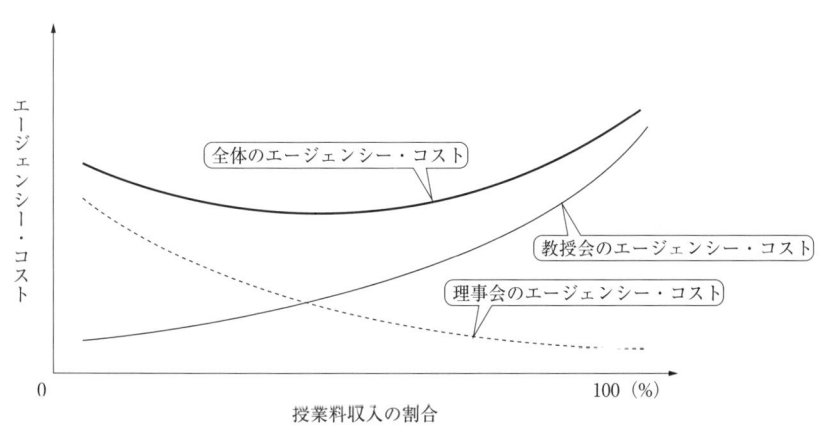

図表1-6　大学経営のエージェンシー・コスト

えようとしない教授会から発生するエージェンシー・コストである。不幸なことに人々のニーズを反映しないような教育・研究活動を展開するケースである。

　これは学生からの授業料収入に全面的に依存する時に起きやすい。だが、米国のように大学収入が外部資金にも依存する場合はチェック機能が作用するので、エージェンシー・コストは下がる傾向にある。したがって、横軸に大学収入に占める授業料収入の割合を取ると、教授会のエージェンシー・コストは右肩上がりの曲線として描ける。

　それに対して第2のコストは逆の動きを展開する。ここでは依頼人であるステークホルダーの要望を反映しない理事会のケースが考えられる。大学経営の基本は財務の健全性にあり、これを満たさない限り、人々のニーズを反映した大学運営も難しい。そのことを達成するのが理事会の最大の目標である。

　わが国の大学のように授業料収入に全面的に依存した構造を持つ場合、この条件を満たすように理事会は努力を続けざるを得ない。だが、寄付金や補助金も大学収入の要となる場合は、教授会に依存し、理事会はステークホルダーからの要望を無視する傾向が強まる。そのため、先ほどと同じ横軸を取れば、理事会のエージェンシー・コストは右肩下がりの曲線として描ける。

　そうすると、教授会と理事会を加えた大学全体のエージェンシー・コストは図で描かれているように下に凸の弓なりの曲線となり、そのコストが最も低くなるのは授業料収入の割合が極端に左にも右にも偏らない領域に落ち着くことになる。

　これにより米国の大学がなぜ授業料収入に全面的に依存しないかが理解できるとともに、わが国の私立大学も潜在的にエージェンシー問題を抱える構造を持っていることが確認できる。それを改善するには授業料以外の収入にも依存する経営構造に転換しなければならないことがわかる。

　もちろん、研究に必要な資金規模が米国とわが国ではまったく違うので、

そのことが収入構造の違いとして反映されているに過ぎないと解釈できるかもしれない。とりわけ研究重視の大学ならば、学生からの授業料収入だけでは十分な研究活動は難しい。

だが、収入構造の違いはそうした資金制約という単純な理由だけではないであろう。外部から明確な形で伝わりにくい大学の教育・研究サービスを学生やその他の人々に効率よく提供するための工夫でもある。残念ながら、わが国の大学ではその認識が欠けているために学生からの授業料収入に全面的に依存した構造を持ち続けているようにみえる。

第4節　本書の目的と要旨

(1) 寄付金を原資とする資産運用

このように米国の大学では外部資金のウエイトを高めることで、大学が抱える本質的な問題をある程度回避している。なかでも寄付金の獲得は大学経営において大きな存在として位置付けられている。

いうまでもなく外部の人々が大学の教育・研究活動に意義を感じない限り、寄付金の獲得は難しい。学生に役立つ教育、そして人々の幸せにつながる研究が行われない限り、大学に向かって寄付金は流れて行かない。

寄付金を獲得するには絶えず大学は客観的に自分たちが提供する教育ならびに研究をチェックし、世間の要求に応えているかを確認しなければならない。これならば教員による独りよがりの行動は阻止され、エージェンシー・コストが抑えられる。

こうして寄付金にウエイトを置いた大学経営は社会に還元すべき本来のサービスを効率的に提供する効果がある。そのことは誰もが認める事実であり、大学経営にとってもプラスの側面である。

その一方で寄付金の獲得は不確実性を伴うため、財務面からみて不安定な要因を抱え込むことになる。ある年度は多額の寄付金を獲得できても、別の

年度ではわずかな資金しか獲得できないこともある。これでは安定した大学運営が難しくなる。

米国の大学ではこの問題を回避するための有効な手段として寄付基金を設けている。年度ごとに得られた寄付金を大学基金に蓄積し、ある一定のルールに従って大学本体の運営に利用している。これならば安定した経営が展開できる。

この時、蓄積された資金を膨らませる資産運用が大学にとって重要な業務となる。高い運用成果を発揮できれば、それだけ大学本体に向かう資金も増えるので、高度な教育・研究活動が展開できるだけでなく、経営もさらに安定化する。

それゆえ、米国の主要私立大学では資産運用に力を入れ、寄付金との相乗効果を前提とした経営展開を繰り広げている。その結果、資金規模が拡大し、いまでは金融資本市場で機関投資家として位置付けられるまでに至っている。

教育・研究活動の成果が反映される形で得られた寄付金を大学基金に蓄え、そこから一種のレバレッジ効果を生み出すのが資産運用業務である。この機能が十二分に発揮されているからこそ、米国の主要大学は本来の教育・研究サービスを提供できるものと確信している。

わが国の私立大学もようやく資産運用業務の重要性を認識し始めたようである。リーマンショック直後は積極的運用から巨額損失を抱える大学も現れ、資産運用を罪悪視する見方も散見されたが、長期的視点に立てばその業務を無視するわけにはいかない。

しかも、寄付金獲得の動きも以前に比べれば活発である。やはり社会で高く評価されている大学に大量の資金が集まる傾向にあるようだ。ただ、寄付金は資産運用の資金源になるわけではなく、校舎建設など大学にとって必要な部門に利用されるだけである。まだ米国流の寄付基金に至っていないのが日本の現状である。

しかしながら、いずれ、わが国の私立大学でも寄付金に基づく資産運用が

盛んに実施されるであろう。そうでなければ、大学経営が行き詰まり、社会の要求に応えた活動も十分に行えなくなる。そのことを予感しているせいか、十分な運用環境が整備されていないにもかかわらず、資産運用に力を入れる私立大学が増えてきている。

　本書ではわが国の私立大学が取り組む資産運用の実態を詳細に報告しながら、同時に改善すべき点が指摘されている。これにより今まで以上に効率的な資産運用が繰り広げられていくものと期待している。

　その際、米国の主要大学で展開されている盤石な資産運用体制は極めて刺激的であり、わが国の私立大学にとってかなり参考になる。そこで、資産運用の将来的な在り方について検討するためにも、米国の主要大学にも注目していきたい。

　日米の大学を比較するとわかるが、かなり対照的な姿が浮かび上がってくる。運用体制そのものも違うが、取り組む姿勢が根本的に違っている。日本よりも米国の大学のほうがはるかにハイリスク・ハイリターンの資産運用を行っている。

　株式といった相場の影響をもろに受ける伝統的な運用対象からヘッジファンドならびに実物投資といった高度な技術を必要とする領域まで運用資金を回している。それゆえ、高い収益率を生み出すことができる。だが、予想に反して失敗すれば損失も大きくなる。

　日本の大学はそこまでリスクを負った資産運用を行っていないが、米国では一般的である。なぜ、こうした運用姿勢の差が生じるのかはさまざまな要因が指摘できるかもしれないが、やはり運用資金の性格が影響していると考えられる。

　米国の大学は使途自由な寄付金が運用資金となっている。それに対して、わが国の大学は必ずしも運用が明確に定められていない資金である。この違いが根本的にリスク負担の相違を生み出し、当然ながら運用姿勢の相違となって反映される。

積極的な資産運用を行おうとするならば、やはり多額の寄付金を集め、その資金を運用しなければならない。そうでなければ、高い収益率が得られないばかりか、失敗した時に大学本体が大きく揺らいでしまう。米国ではそのことを十分に認識しているので、寄付金の存在が大学経営において大きな存在となっている。

　もちろん、人々の要求に応えなければ寄付金は集まらない。リスク負担に耐えられるだけの高い運用成果を得ようとすれば、社会のニーズに応じた教育・研究活動を行わなければならない。まさに資産運用は大学を好ましい方向へ導く仕掛けとなっている。

　本書ではそのことを絶えず強調しながら、日米の大学で展開している資産運用について記述している。その内容を章ごとに簡単に紹介しよう。そのほうが全体を理解するうえで役立つであろう。

(2) 米国に学ぶ資産運用

　まず、「第2章　私立大学の正しい運用利回りを求めて」ではわが国の私立大学を対象にした運用成果について書かれている。いまでは私立大学が資産運用に積極的に取り組む姿はマスコミなどでしばしば詳細に報道されるが、その成果を示す指標は曖昧である。

　決算で発表される数値から運用指標を求めれば、利息・配当金から得られる直接利回りとキャピタル損益も加えた総合利回りが得られる。運用環境が穏やかな頃ならば、これらの指標でも運用成果が正しく把握できたと思われる。

　ところが、リーマンショック時にみられたような極めて不安定な運用環境のもとでは実際の運用成果を反映しているとはいえない。利息・配当金にキャピタル損益だけでなく、含み損益も計算式に加えない限り、正しい運用指標が得られたとはいえない。

　実際、多くの私立大学は大学本体まで影響を及ぼすほどの運用の失敗に見

舞われた。そのことは新聞や週刊誌などでも盛んに報道された。ところが、決算で発表された数値からは実態とまったく違った結果しか得られなかった。

こうした矛盾は有価証券を中心とする含み損益を考慮しないという特異な評価方法そのものにある。もはや学校法人会計基準が今日の運用環境に馴染まなくなってしまったのである。したがって、ここでは有価証券を対象にした会計上の扱い方について改善策が指摘されている。

次に「**第3章　米国に学ぶ私立大学の正しい資産運用体制**」では米国の大学を参考にしながら、わが国の資産運用体制は不安定な要素を抱えていることを報告している。とりわけ、運用資金そのものが曖昧である。というのは投資のために用意された本来の資金ではなく、大学業務を遂行していくうえで一時的に生じた資金に過ぎないからである。

それゆえ、運用するにあたっても短期の安全資産しか保有できないはずである。ところが、現実はハイリスク・ハイリターンの運用を目指す私立大学が目立つ。これでは資産運用の失敗が大学経営そのものを揺さぶることになる。本来ならば、経営の不安性を除去するためにもこの種の資金による運用は避けるべきである。

米国の大学ではそのことを熟知しているのであろう。使途自由な寄付金を運用資金として利用している。これならば積極的な資産運用も可能である。高い運用利回りが期待できるうえ、たとえ失敗しても大学本体にダメージを及ぼすわけではない。その意味では経営の不安定性を取り除く手法である。

しかも、米国の大学が優れているのは寄付基金を中心にしながら資産運用体制を整備していることにある。連続的に流入する寄付金を蓄積し、その資金を運用し、残高に対してあるパーセンテージだけの資金を大学本体に流すペイアウト・ルールが構築されている。

ハイリスク・ハイリターンの運用は収益のブレが激しい。それゆえ、毎期ごとに運用成果をそのまま流していたのでは経営は不安定になる。だが、寄

付基金から一定のルールに基づいて運用資金を流していけば経営は自ずと安定化する。

わが国の大学では制度化されていない運用システムがほとんどである。そこで、この章では将来のわが国の大学が着実な資産運用業務を行ううえで好ましい姿として、米国の大学で行われている資産運用体制を紹介していきたい。

「第4章 日米大学間の収入構造と資産運用」では第3章の流れを受けて、日米の大学経営においてどのような違いがあるかを探っている。すでに指摘したように両者の際立った違いは収入構造にある。つまり、日本の私立大学は全面的に学生からの授業料収入に依存しているのに対して、米国の大学は中央政府・地方自治体等から獲得する補助金や寄付基金から流入する投資収入も無視できないほどのウエイトを占めている。

ここでは日米の主要私立大学をそれぞれ5校だけ選び出し、収入構造の違いを示している。米国の大学では日本と異なり学生に対する指導が厳しかったり、また研究に対する取り組み姿勢等もかなり違っているが、これらの特徴は収入構造の違いから生じていることがわかる。

そうした日米大学間の収入構造で最も注目しなければならないのは、やはり投資収入であろう。日本の私立大学でも資産運用を行っているが、米国の大学では資金規模も運用利回りも桁はずれである。しかも、運用体制が盤石であり、さまざまな領域から獲得した寄付金が元本となり、高度な投資手法を駆使することで高い運用成果を得ている。

その代表がマサチューセッツ州ボストンにあるハーバード大学が運営する大学基金である。資金規模は全米で最も大きく、運用成果もかなり優れている。そこで、この章ではハーバード大学基金に焦点を当てながら、ハイリスクな資産運用を繰り広げている実態を紹介する。同時にかなりのリスクを負いながら、それに見合った高いリターンを獲得している様子も報告している。

「第5章 米国の大学基金による資産運用行動」では全米で展開している

大学基金の活動に注目している。全米大学経営管理者協会（NACUBO）のデータを利用しながら、全米レベルでの資産運用の実態を調べている。どの大学基金もハイリスク・ハイリターンの投資姿勢であることに変わりないが、最終的には安定的で、しかも高いリターンを得ている。

こうした好ましい運用成果を生み出す仕組みは大学基金による基本的な資産運用方針そのものにあり、具体的には長期かつ分散を基本に置いた運用姿勢にある。例えばリーマンショック時には投資リターンがマイナスに陥ったりしたが、時間が経過し、長期的にみれば安定的で高いリターンが得られている。

全米の大学基金ではリスクが高く流動性が低いオルタナティブを大量に保有している。具体的にはプライベートエクイティ、ヘッジファンド、ベンチャーキャピタル、不動産、天然資源といったような投資対象である。日本の大学も最近になって資金を積極的に運用し始めているが、これらの領域まで足を踏み入れていない。だが、米国では一般的である。

これも長期分散化という投資方針が貫かれているからこそ可能であり、ハイリスクなオルタナティブでもそれぞれがリスクを打ち消し合うように組み合わされている。だから高い収益率が長期にわたって得られているのである。もちろん、この機能を作用させるにはある程度の資金規模が必要であろう。それゆえ、資金規模の大きさも運用成果に影響をもたらしている。

ここでは800以上の米国大学基金を対象にしながら資産運用の特徴を整理しているが、そのほかにケーススタディとしてコネティカット州にある名門私立イェール大学の資産運用行動にも触れている。資金規模でも全米で上位に位置するが、大学基金からの投資収入が大学本体の40％台を占めることでユニークな経営を展開している。そこで、米国の全体像だけでなくイェール大学基金に注目しながら、個別ケースについても分析していく。

(3) 米国に学ぶ経営システム

わが国でも積極的に資産運用に取り組む大学が目立つようになったが、全体的にはいまだ本格的な展開に至っていない。むしろ始まったばかりといっていいかもしれない。

それに対して米国の大学は経験が豊富であり、長期にわたって高い収益率を生み出すノウハウも蓄積している。本書では日本でも同様に効率的な資産運用に取り組んでもらいたい願いから、米国における大学基金の活動を紹介している。

運用で十分な投資収入が得られれば、いままで以上に積極的な教育・研究活動が可能となる。大学間競争がさらに激しさを増せば、学生からの授業料収入だけに依存する経営は難しくなる。そのため大学の資産運用はこれからますます注目を集めていくものと思われる。

ただ、米国では運用資金が主に寄付金から成り立っていることに注意しなければならない。寄付金はあくまでも大学が提供する教育・研究サービスが人々のニーズに応じていなければ集まらない。資産運用は寄付金を膨らます手段であり、本質的にはエージェンシー・コストを抑える寄付金の効果を手助けする役割を果たしているのに過ぎない。

したがって、わが国の私立大学が資産運用に取り組む場合、単に収益性を高めるためのテクニックだけに邁進するのではなく、投資元本の性質に注意を払わなければならない。これを無視すれば、たとえ投資収入の高まりから豊富な資金を獲得しても、大学は社会に貢献する教育・研究活動から乖離したものになる。

わが国では寄付金そのものが大学の収入源として十分に位置付けられていない。昔に比べれば寄付金の獲得に力を入れているが、資産運用の原資になるほどではない。それゆえ、米国型の資産運用体制に移行するにはかなりの時間が掛かるであろう。

それでも大学が社会に貢献する活動が評価されれば寄付金も大量に流入し、

その時は米国流の本格的な資産運用体制が構築されていると思われる。それゆえ、絶えず社会とのつながりを意識した活動を続けていかなければならない。そのためには日々の大学運営においてエージェンシー・コストを抑えるための工夫が必要となる。

「第6章　私立大学の経営改善策」では米国の大学経営を参考にしながら、その解決策になるような項目が並べられている。まさにわが国の私立大学が取り組むべき課題であり、教育方法から始まり研究の在り方まで触れている。米国ではすでにこれらの問題を十分に認識し、具体的な解決策が打ち出されている。

根本的な解決策を追求していくと、大学教員の雇用方法に集約されるかもしれない。わが国では終身雇用・年功序列が一般的なスタイルであり、しかも歴史のある大学では内部出身者の割合がかなり高い。それに対して米国の大学ではまったく正反対のスタイルを採用している。雇用は任期制で、原則として内部出身の大学教員の採用を避けている。

わが国と対照的な雇用方法を採用しているのは、やはり大学教員に刺激を与える環境を作っておかなければ、社会から懸け離れた誤った教育・研究活動を行うリスクが高まるからである。そのほかにも給料が1年間に9カ月分しか支払われないという米国特有のシステムを導入するなど、絶えず外に向けて情報を提供する体制が貫かれている。

18歳人口の減少とともに資産運用はますます重要な業務としてこれから注目されるであろう。しかしながら、大学が社会に向けた生産的な諸活動を展開しない限り寄付金は獲得できず、運用業務も行き詰まる。そうならないためにも大学システムの改革は必要である。最終章ではそのための具体的な改善策が示され、多くの大学関係者にとって有益な情報が得られるものと信じている。

第2章

私立大学の正しい運用利回りを求めて

第1節　運用悪化に苦しむ私立大学

(1) 世界経済危機の発生

　米国のサブプライムローン（信用力の低い個人向け住宅融資）問題が世界的な金融不安を引き起こしたのは2007年後半であった。そして、「百年に一度の経済危機」と叫ばれるほど、深刻な悪影響を全世界に与えるきっかけとなったのは2008年9月の大手証券会社リーマンブラザーズの経営破綻であった。

　その後、米国では主要な証券会社や金融機関の経営危機が次々と表面化し、公的資金を注入せざるを得ない状況にまで追い詰められていった。しかも、金融危機は米国だけに留まらず世界の金融機関に向けて瞬く間に伝播していった。

　これは多くの金融機関がサブプライムローンから派生した証券化商品を大量に購入していたためである。その結果、金融危機の大津波が米国からヨーロッパ、そして他の国々まで時間を掛けずに波及していったのである。

　米国発の金融危機が世界経済危機として広まる中でわが国も経済的なショックを被り、それは日経平均株価の急落そして円相場の急騰という形で日本経済を大きく揺さぶっていった。日経平均株価は2007年後半からサブプライムローン問題の顕在化に合わせて下落し、リーマンショック以降、さらに低下傾向を強めていった。しかも、下落率は世界の国々の中で最大であった。

　それに対して外国為替相場は皮肉なことに米国やヨーロッパの国々の相対

的な経済力の低下が反映され、円高傾向が一気に強まっていった。それは日本の輸出産業を直撃し、日経平均株価をさらに引き下げる構図を生み出していった。

こうした急激な株安・円高は大量の資金を運用するわが国の金融機関や機関投資家の財務内容を悪化させることにもつながった。それと同時にいままで資産運用とは無縁と思われていた私立大学もまったく同じ問題を抱えている実態が曝け出され、にわかに私立大学の資産運用に対しても人々の厳しい視線が向けられていった。

(2) 私立大学の運用の失敗

最初に私立大学の運用の失敗が新聞等で大きく報道されたのは駒澤大学（東京）であった。2008年11月にデリバティブ（金融派生商品）取引等で154億円もの損失を計上したことが明らかにされたからである。損失の穴埋めにキャンパスの土地・建物やグランドを担保にしながら銀行から110億円の融資を受けざるを得ない状況にまで追い込まれてしまった。

金利スワップや通貨スワップなどリスクの高い新しい運用手段の多様化で大きな運用益を得ようとしたのであるが、不幸なことに世界経済危機の影響をもろに受け、裏目の結果が出てしまったのである。

リスクを負った資産運用は何も駒澤大学のような一部の限られた私立大学だけで行われていたわけではなかった。すでにかなりの大学が同じような積極的資産運用を試みていた。

全国の私立大学を対象にした当時の『日経金融新聞』（2008年1月31日）のアンケート調査によると、回答した176校の私立大学のうち、65％が預貯金や国債以外のリスク性資産に投資し、外債を中心にしながら株式にも運用対象を広げている実態が示されている。

また、1年前の調査で半数以上がオルタナティブ投資のひとつである仕組み債での運用実績があったが、そのリスキーな運用手段をさらに増やそうと、

30％が仕組み債の買い増しを検討していることも報告されている。

　この調査で興味深いのはすでにサブプライムローン問題が世界的な金融不安を引き起こしていたにもかかわらず、私立大学の65％が当時の金融危機を楽観的に捉え、「（大学の資産は）中長期的な姿勢で運用しており投資行動に大きな影響はない」と回答していることである。

　振り返ってみれば、それから半年後に大学の財務を直撃すると予想していた運用担当者は少なかったようである。当時の私立大学がいかに運用リスクに対する認識が甘かったかが推察できる。そして、それを裏づけるかのように次々と運用の失敗が明らかにされていった。

　駒澤大学に続いてマスコミで大きく取り上げられたのが立正大学（東京）であった。2008年9月末時点で148億円もの含み損を抱えている実態が報道されたのである。半年前の同年3月末時点で96億円の含み損を抱えていたが、運用環境の一層の悪化から含み損が1.5倍にまで膨れ上がっていった。

　国債、地方債、社債、投資信託といった通常の運用手段のほかに、豪ドルを取り入れた仕組み債が円高の急激な進行から損失を拡大させてしまったのが敗因であった。

　また、運用の失敗は東京の私立大学だけに留まらず、地方でもやはり同じような問題を抱えている実態が明るみに出されていった。例えば、2008年12月には南山大学を経営する南山学園（名古屋市）が為替相場の変動からデリバティブで34億円の損失を計上し、そして愛知大学（豊橋市）も同じくデリバティブで28億円の損失を確定したことが報道されている。

　こうした中で『読売新聞』（2008年12月21日）は範囲を広げ全国の主要私立大学の運用状況を調査し、2007年度の有価証券の含み損益を2005年度と比較しながら、その実態を発表している。**図表2-1**はそのことを整理したものである。

　どちらもリーマンショック前であるが、2005年は日本経済の好景気を支えに運用環境が極めて良好であった時期である。それに対して2007年は米

図表2-1　リーマンショック前の主要私立大学の資産運用状況

	2005年度の含み損益	2007年度の含み損益
慶應義塾大学	69.6億円	▲225.5億円
立正大学	0.5億円	▲96.6億円
駒澤大学	非回答	▲81.9億円
	→ （2008年11月　デリバティブ取引の損失確定　154億円）	
千葉工業大学	▲32.5億円	▲69.4億円
中央大学	▲20.0億円	▲39.4億円
福岡大学	▲19.3億円	▲36.8億円
芝浦工業大学	▲10.3億円	▲36.0億円
関西学院大学	▲12.8億円	▲20.8億円
九州産業大学	▲3.5億円	▲19.2億円
専修大学	▲10.5億円	▲17.1億円
関西大学	▲10.7億円	▲13.5億円
同志社大学	▲3.4億円	▲9.9億円
法政大学	8.5億円	▲8.6億円
早稲田大学	21.5億円	▲5.4億円
西南学院大学	▲2.8億円	▲4.9億円
学習院大学	3.0億円	▲2.2億円
東洋大学	▲1.8億円	▲0.1億円
東海大学	▲1.0億円	▲0.1億円
近畿大学	4.3億円	0.0億円
立教大学	▲1.1億円	0.1億円
立命館大学	▲6.8億円	3.5億円
明治大学	1.6億円	4.5億円
南山大学	非回答	非回答
	→ （2008年12月　デリバティブ取引の損失確定　34億円）	
愛知大学	非回答	非回答
	→ （2008年12月　デリバティブ取引の損失確定　28億円）	

（注1）▲はマイナスで、含み損を意味する。1000万円未満は切り捨て。
（注2）資料：『読売新聞』（2008年12月21日）より。

国の景気悪化の影響から日本経済に景気の陰りが見え始めた時期であった。

　景気の変動はそのまま運用環境にも反映されるように思われがちだが、この表を眺める限りでは2005年度の段階でもすでに含み損を抱えている大学が目立つ。ただし、金額はそれほど大きくはない。だが、2007年度の数値をみると、含み損は膨れ上がり、サブプライムローン問題の影響をかなり受けているのがわかる。

　また、マスコミは運用の失敗として駒澤大学や立正大学に目を向けていたが、それよりもさらに巨額の含み損を抱えていたのが慶應義塾大学であった

こともこの表から確認できる。それと同時に東京だけでなく全国の私立大学がハイリスク・ハイリターンの運用に失敗していたことがわかる。

(3) リーマンショック後の運用の失敗

リーマンショック前に焦点を当てながら運用に失敗した私立大学をみてきたが、本格的なダメージを受けたのはリーマンショック後であった。株安・円高への動きが前年度よりもさらに強まったからである。

しかも、先ほども触れたように私立大学の運用担当者は運用環境の変化を予期していなかったようで、リーマンショック前よりもさらにハイリスク・ハイリターンの運用姿勢を強めていった。そのため、運用実績は前年度よりもさらに悪化していった。

実際、2008年度の有価証券等の損失は『週刊ダイヤモンド』(2009年10月31日号)によると、駒澤大学190億円、慶應義塾大学170億円、愛知大学118億円、南山大学114億円、上智大学90億円、神奈川歯科大学72億円、大阪産業大学59億円、青山学院大学57億円、同志社大学27億円、法政大学18億円であった。

これらの数値をみるだけでも私立大学の資産運用がかなり難しい局面に立たされていたことが推測できる。だが、これはあくまでも損失が確定した数値である。それとは別に有価証券を中心とした多額の含み損も抱えていた。むしろ、含み損の大きさをみるほうが、当時の私立大学の厳しい資産運用の実態を正確に把握できるように思える。

図表 2-2 は『週刊東洋経済』(2010年10月16日号)で発表された主要私立大学の含み損を整理したものである。ここではリーマンショック後として2008年度と2009年度の数値が並べられている。

先ほどの**図表 2-1**で示した2007年度と比較してもわかるように、含み損はリーマンショックの影響をもろに受けた2008年度にかけて増え続けているのが確認できる。すでに1年前にサブプライムローン問題が顕在化し、運

図表2-2　リーマンショック後の主要私立大学の資産運用状況

	2008年度の含み損益	2009年度の含み損益
慶應義塾大学	▲365億円	▲181億円
南山大学	▲256億円	▲179億円
千葉工業大学	—	▲78億円
駒澤大学	▲72億円	▲59億円
中央大学	▲51億円	▲55億円
芝浦工業大学	▲57億円	▲51億円
福岡大学	▲73億円	▲40億円
関西大学	▲28億円	▲31億円
国際基督教大学	▲59億円	▲30億円
玉川大学	▲35億円	▲29億円
専修大学	▲35億円	▲27億円
立正大学	▲95億円	▲25億円
関西学院大学	▲29億円	▲23億円
上智大学	▲37億円	▲22億円
國學院大學	▲20億円	▲16億円
大阪経済大学	▲15億円	▲13億円
桃山学院大学	▲5億円	▲13億円
神戸学院大学	—	▲12億円
東京理科大学	▲14億円	▲12億円
京都産業大学	▲11億円	▲9億円
金沢工業大学	▲13億円	▲9億円
西南学院大学	▲9億円	▲7億円
武庫川女子大学	▲21億円	▲7億円
追手門学院大学	▲10億円	▲6億円
東京工科大学	▲5億円	▲6億円
千葉商科大学	▲18億円	▲6億円
北星学園大学	▲8億円	▲6億円

(注1)　▲はマイナスで、含み損を意味する。
(注2)　資料：『週刊東洋経済』(2010年10月16日号) より。

用環境が悪化していたが、リーマンショックの発生からさらに困難な状況に陥った様子がわかる。

　しかしながら、それからさらに1年が経過した2009年度の含み損の状態をみると、運用環境がやや落ち着いたせいか、多くの私立大学が含み損を減らしている。それでも金額そのものは大きく、大学経営にとってかなりの重荷になっていることには変わりない。

　そのことを裏づけるようにリーマンショックが発生してからある程度の時間が経過しても、依然として私立大学の資産運用の問題がマスコミなどでた

びたび取り上げられている。例えば、『朝日新聞』(2009年9月7日) によると、神奈川歯科大学（横須賀市）が複数の投資ファンドで運用した結果、約52億円もの損失を計上している。資産運用の管理そのものが杜撰であったようだが、運用環境の悪化が直接の引き金になったことは事実であろう。

また、『日本経済新聞』(2010年12月3日) では名古屋女子大学を運営する越原学園（名古屋市）がリーマンショックの影響からデリバティブ等で保有する金融商品の時価が大幅に下落し、約58億円もの含み損を抱えていることを報じている。どちらも大学の規模からみて無視できない金額である。

第2節　私立大学の運用成果を示す指標

(1) 運用可能資産の定義

このようにわが国の私立大学はサブプライムローンそしてリーマンショックの影響をもろに受け、運用実績が著しく悪化した。そのことはマスコミなどの報道によって多くの人々に知らされることになった。

周知のように大学を取り巻く環境は少子化の影響で年々厳しさを増し、その中で資産運用は私立大学にとって重要な業務として位置付けられている。それゆえ、リーマンショック前後のような失敗を繰り返すわけにはいかない。

そのためには少なくとも資産運用の成果を外部の人たちにもっと積極的に公表する必要がある。なぜなら、これによりチェック機能が働き、過度にリスクを負った資産運用ができなくなるからである。また、逆に運用環境が良好な状態のもとではリスクをまったく負わない過度に安全志向の運用スタイルも批判されるかもしれない。

ところが、不思議なことに私立大学の資産運用に多くの人々の関心が高まりつつあるにもかかわらず、運用成果そのものを表す指標が発表されていないのである。これでは運用に失敗してもごく一部の者を除いてわからないままである。

もちろん、決算報告の中で資産運用収入等の数値が発表されているが、運用利回りは発表されていない。運用資金がどれだけあり、それが何パーセントで運用されているかを知ることは、運用成果を客観的に眺めるうえで最初に捉えておかなければならない重要事項である。

　運用資金が増え続ける今日の私立大学は金融・資本市場において機関投資家として位置付けられつつある。米国ではすでにそのことが確立され、例えばハーバード大学は3兆円近い資金を運用する巨大な機関投資家として活躍している。大学も生命保険会社や年金基金などと同様に機関投資家として認識されるならば、当然のことながら運用利回りを開示する必要性があろう。

　そこで、本章では私立大学の運用利回りに注目し、実際に計測してみることにしたい。その場合、決算書から必要な項目をいくつか取り出さなければならない。その資料として利用するのが毎年10月に出版される『週刊東洋経済──本当に強い大学』の特別付録「大学四季報」である。全国の主要大学から発表される決算書から財務上の数値を整理したものである。

　まず、運用利回りを求めるうえで必要な数値は分母に相当する運用資金である。ところが、大学の決算では運用資金でさえ正確な数値が発表されていない。これでは計測のしようがないので、それに相当する金額を見つけ出さなければならない。

　マスコミなどではしばしば私立大学の運用資金について具体的な数値を発表しているが、それは貸借対照表の資産側にある「その他固定資産」と「流動資産」を合計したものであり、その金額を運用資金とみなしている。

　その理由として流動資産は現金預金が占め、その他固定資産の多くは有価証券で保有している点を挙げている。確かに有価証券がその他固定資産の多くを占めているところもあるが、しかしながら、丁寧にみると、そうしたタイプの私立大学は必ずしも多くないことがわかる。

　「大学四季報」ではそうした流動資産とその他固定資産を加えた数値でなく、私立大学の資金力として新たに「運用可能資産」を発表している。具体

的には次のように定義づけている。

運用可能資産
　＝引当特定資産＋現金預金＋長短有価証券＋未収金
　　－流動負債－第4号基本金

　こちらのほうが「流動資産＋その他固定資産」よりも数値が小さくなるが、実際に資産運用を行ううえでほぼ可能な資金量を表している。それゆえ、正確な運用利回りを計測するうえで好ましいように思える。しかも、この数値を連続的に追うことで、大学の流動性問題も浮き上がってくる。
　例えば、運用可能資産が毎年減っている私立大学は、いずれ流動性危機に直面する恐れがある。この資金は一時的に資産運用として活用してもいずれ設備投資等に回さなければならないので、資金繰りの悪化から校舎等の建設といった当初の目的が達成できないばかりか、最悪の場合、資金枯渇から大学そのものが破綻する恐れも出てくる。
　多くの私立大学は運用環境の悪化から資産運用に苦しんでいるが、このことは単に運用の問題だけに留まらず、長期的な視点からみれば大学経営そのものを揺るがす深刻な問題にもつながる。
　現実の問題として運用の失敗から事前に打ち出されていたキャンパスの拡張計画を仕方なく変更せざるを得なくなった大学も現れている。損失が拡大した結果、運用可能資産が減少し、そのことが資金繰りを悪化させ、最終的に計画を変更させたのである。
　このようにみていくとわかるように運用可能資産は運用資金として利用できる金額そのものを表示すると同時に、増減率がマイナスであり続ければ大学経営そのものに何らかの支障をきたすことを暗示するシグナルにもなり得る。その意味ではこの数値の時系列的な見方は大切である。

(2) 3種類の運用指標の定義

　運用利回りを計測するにあたって分母の運用可能資産のほかに、分子に相当する運用収益も明確に定めなければならない。

　まず、候補として挙げられるのは私立大学の損益計算書にあたる消費収支計算書から「資産運用収入」を取り出すことであろう。この項目は資産の運用から得たインカムゲインの利息・配当金収入が中心となっている。

　そうすると、運用利回りは資産運用収入を運用可能資産で割ることから得られ、これは通常、「直接利回り」と呼ばれる運用指標に相当する。

　直接利回り（％）
　　＝資産運用収入÷運用可能資産×100
　　＝利息・配当金収入÷運用可能資産×100

　しばしばマスコミなどで私立大学の運用利回りとして取り上げる数値の多くはこの直接利回りである。ただし、計算する場合の分母は先ほども指摘したように流動性資産とその他固定資産を加えたものである。ここでは運用可能資産を用いるので、分子が同じ資産運用収入であっても、直接利回りは異なった数字が出てくる。

　いうまでもなく、ここで採用する直接利回りのほうがマスコミなどで扱うケースよりも高い数値が出てくる。なぜなら、分母に注目すればわかるように運用可能資産のほうが流動性資産とその他固定資産を加えたものより小さいからである。

　両者の相違に注意を払わなければならないが、いずれにせよ、直接利回りに相当する運用指標であることには何ら変わりない。直接利回りを眺めることで利息・配当金収入が運用資金からどれだけの割合で得られたかがわかるが、そのほかに私立大学の運用姿勢についてもある程度みえてくる。

　つまり、直接利回りが高ければハイリスク・ハイリターンの運用に向かっ

ていることが推測できる。反対に直接利回りが低ければローリスク・ローリターンの運用を実施していると判断できる。厳密な境界線はないが、両者を区分する基準はおそらく国債流通利回りであろう。これよりも高い直接利回りの私立大学はリスクを負った資産運用を実践しているといえる。

確かに直接利回りは運用姿勢をみるうえでも有益な指標であるが、やはり収益の貢献度合いをみるのが本来の目的であろう。ところが、この運用指標は今日の私立大学の運用成果を表すのに馴染みにくくなっている。なぜなら、ハイリスクな資産運用を行うことで収益を生み出すどころか、反対に損失を発生させている私立大学もあるからだ。

それにもかかわらず、運用指標の直接利回りは分子に利息・配当金収入の項目だけしか置いていないため、マイナスの数値が現れないままの状態になっている。これではサブプライムローン問題やリーマンショックで揺れ動く不安定な運用環境のもとではまったく有効な指標でない。

「大学四季報」ではそのことを十分に認識しているのであろう。2007年度決算から運用成果を表す項目として「資産運用収入」のほかに「資産売却差額」と「資産処分差額」が消費収支計算書の中に加えられている。

資産売却差額とは有価証券等を売却した収入が簿価を上回った場合のキャピタルゲインである。それに対して資産処分差額は有価証券等を売却した収入が簿価を下回った場合のキャピタルロスである。しかも、有価証券等の時価が大きく下落し、簿価との差額が著しい場合も「評価損」として差額分を計上することになっている。

そうすると、資産売却差額から資産処分差額を引いたものが「キャピタル損益」であるため、これを運用可能資産で割ることから「キャピタル損益率」が計算できる。

キャピタル損益率（％）
　＝（資産売却差額－資産処分差額）÷運用可能資産×100

そこで、先ほどの直接利回りにキャピタル損益率を加えることで、本来の運用指標である「総合利回り」が求められる。

総合利回り（％）
　＝（資産運用収入＋資産売却差額－資産処分差額）÷運用可能資産×100
　＝資産運用収入÷運用可能資産×100
　　＋（資産売却差額－資産処分差額）÷運用可能資産×100
　＝直接利回り（％）＋キャピタル損益率（％）

これならば資産運用の失敗も表せよう。プラスの直接利回りよりもマイナスのキャピタル損益率のほうが大きければ総合利回りはマイナスになり、その大学はハイリスク・ハイリターンの資産運用に走った結果、運用に失敗したことがわかる。

通貨オプション取引や仕組み債などを大量に購入し、いままで高い直接利回りが得られていたにもかかわらず、運用環境が急激に変化したことで、巨額の損失を抱えた大学はまさにこのケースに相当する。

また、総合利回りは最終的な運用成果を伝えるだけでなく、運用可能資産の変化も教えてくれる。例えば、総合利回りがプラスであれば運用可能資産は増えるので、大学経営にとって好ましい。だが、世界経済危機に直面した時のように有価証券を中心に巨額の損失が発生すれば総合利回りはマイナスとなり、運用可能資産そのものを減らすことになる。

図表2-3はそうした運用環境が悪化した場合の様子を体系的に示したものであり、直接利回り、キャピタル損益率、総合利回りの3種類の運用指標と運用可能資産の関係をひとつの図でまとめている。

この図で**第Ⅰ象限**は直接利回りとキャピタル損益率の関係を示している。ここで注意してほしいのはキャピタル損益率の座標軸の符号である。原点がゼロで、上に向かうほどマイナスの数値が大きくなるように設定されている。

図表2-3　3種類の運用指標と運用可能資産の関係
—運用環境が悪化したケース—

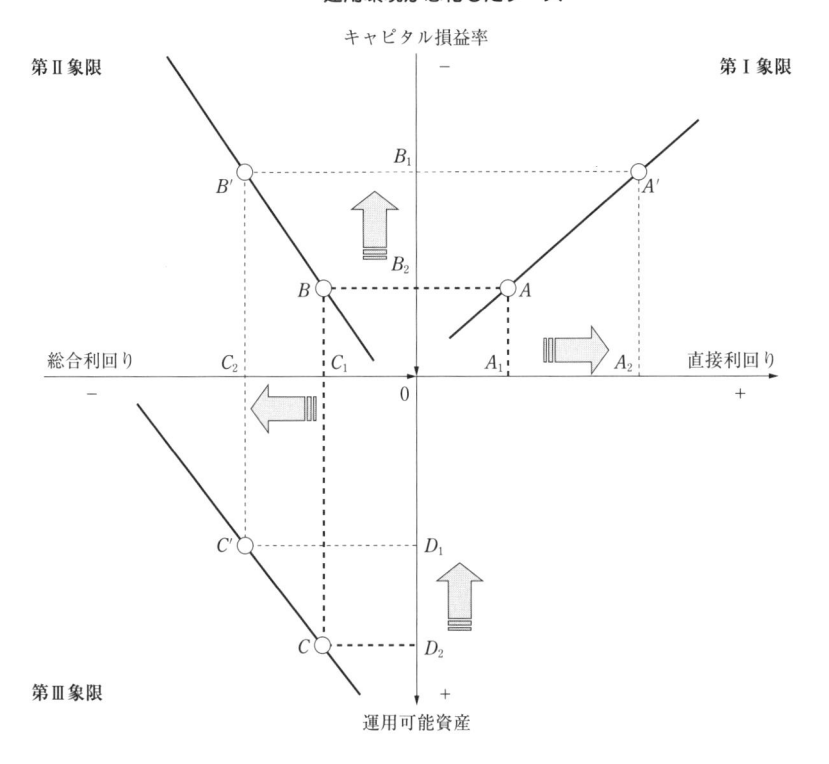

したがって、ハイリスク・ハイリターンの金融商品をたくさん保有すれば直接利回りは高まるが、リスクが顕在化すればキャピタル損益率のマイナスの数値も増えていく。そのため、両者の関係を示す曲線は右肩上がりになっている。

それに対して**第Ⅱ象限**はキャピタル損益率と総合利回りの関係を表している。ここでも総合利回りの座標軸はキャピタル損益率と同様に原点ゼロから離れるにつれてマイナスの数値が増えていく。そうすると、キャピタル損益率のマイナスが高まるにつれて総合利回りのマイナスも増えていく。

そのことは運用可能資産の増減に反映される。**第Ⅲ象限**は総合利回りと運用可能資産の関係を示したものであり、総合利回りのマイナスが増えるにつれて運用可能資産が減少していく関係が描かれている。

いま第Ⅰ象限で A 点、第Ⅱ象限で B 点、第Ⅲ象限で C 点に位置しているとしよう。そこからハイリスク・ハイリターンの投資姿勢を強め、運用が思うような状態にならなかった場合、A 点は A' 点、B 点は B' 点、C 点は C' 点に移動する。

結局、リスクを負った運用を実行することで、総合利回りのマイナスは拡大し、運用可能資産を減らしてしまう。世界経済危機に直面した私立大学の資産運用はまさにこのような状況に置かれていたといえる。

(3) 総合利回りと運用可能資産の関係

それでは実際に世界経済危機の影響をもろに受けた2007年度から2009年度までの3カ年にわたる決算に焦点を合わせながら、「大学四季報」のデータから私立大学の総合利回りと運用可能資産の関係についてみていきたい。

なお、「大学四季報」ではすべての大学を扱っているのではなく、主要な大学の財務データしか収録していない。そのため、対象となる私立大学の校数は101校から112校になっている。

ここでは各年度の総合利回りと運用可能資産の関係を探るため、次のような4分類に整理するアプローチを採用したい。**図表2-4**は座標軸を使いながらその関係を図示したものである。

第Ⅰ分類……総合利回りがプラスであり、運用可能資産の増減率もプラスである。
第Ⅱ分類……総合利回りがマイナスであるが、運用可能資産の増減率はプラスである。
第Ⅲ分類……総合利回りがマイナスであり、運用可能資産の増減率もマイナ

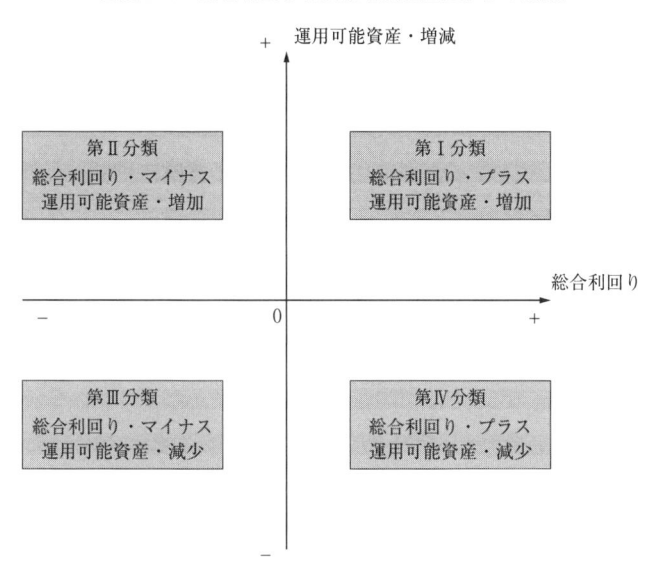

図表 2-4　総合利回りと運用可能資産による 4 分類

```
                    運用可能資産・増減
                        +
    ┌──────────────┐         ┌──────────────┐
    │   第Ⅱ分類    │         │   第Ⅰ分類    │
    │ 総合利回り・マイナス │         │ 総合利回り・プラス  │
    │ 運用可能資産・増加  │         │ 運用可能資産・増加  │
    └──────────────┘         └──────────────┘
                                              総合利回り
    ─────────────────0─────────────────+
    ┌──────────────┐         ┌──────────────┐
    │   第Ⅲ分類    │         │   第Ⅳ分類    │
    │ 総合利回り・マイナス │         │ 総合利回り・プラス  │
    │ 運用可能資産・減少  │         │ 運用可能資産・減少  │
    └──────────────┘         └──────────────┘
                        −
```

スである。

第Ⅳ分類……総合利回りがプラスであるが、運用可能資産の増減率はマイナスである。

　第Ⅰ分類は総合利回りも運用可能資産の増減率もともにプラスのケースであり、運用が好調な時に生じる領域である。第Ⅱ分類は総合利回りがマイナスにもかかわらず、運用可能資産が増えているケースである。これは運用以外の要因が資金の流入を促しているためである。

　それに対して第Ⅲ分類は総合利回りも運用可能資産の増減率もともにマイナスのケースであり、運用が失敗した時に生じる領域である。また、第Ⅳ分類は運用が成功しているにもかかわらず、運用可能資産が減っているケースを表している。

　矛盾しているようにみえるかもしれないが、運用可能資産の増減は運用成

果だけが反映されるわけではなく、他の影響も受けるのでこうした組合せの領域に属する大学も現れる可能性がある。

　4分類を定義づけたので、今度は実際に主要私立大学が年度ごとにどの領域に属しているかをみていくことにしたい。**図表2-5**は運用危機に直面した3カ年を対象にしながら、実際に総合利回りと運用可能資産の増減率を私立大学ごとに求めたものである。それと同時に4分類のうちどの領域に属するかも示されている。なお、増減率は対前年度比を意味している。

　総合利回りと運用可能資産の増減率が求められたところで、早速、うえに示した4分類に従いながら整理してみよう。**図表2-6**はその結果を数字で示したものであり、ここでは年度ごとの分類のほかに3カ年の合計した数値も加えられている。また、**図表2-7**は年度ごとの分類をさらにわかりやすく表現するため、棒グラフで示している。

　リーマンショック前後の厳しい運用環境の中で私立大学の運用の失敗が次々とマスコミなどで発表されていた。それゆえ、運用の危機に直面した3カ年は総合利回りも運用可能資産の増減率もともにマイナスの第Ⅲ分類に多くの大学が位置付けられると予想されよう。

　ところが、実際にデータから眺めてみると意外な結果に驚かされる。なぜなら、2007年度をみると、101校に対して第Ⅲ分類に属する私立大学がたった6校であり、その割合は5.9％である。

　2008年度は107校に対して24校なので22.4％であるが、2009年度は112校に対して10校の8.9％である。3カ年全体では合計の320校に対して40校なので12.5％となる。

　むしろ、多くの私立大学が属している領域は総合利回りと運用可能資産の増減率がともにプラスの第Ⅰ分類である。同様に年度ごとの割合をみていくと、2007年度は101校に対して62校であるので61.4％、2008年度は107校に対して48校であるので44.9％、2009年度は112校に対して76校であるので67.9％である。3カ年全体では320校に対して186校なので58.1％とな

図表 2-5　私立大学の運用可能資産の増減率と総合利回りによる 4 分類

	大学名	運用可能資産の増減率（%）			総合利回り（%）			4 分類		
		07年度	08年度	09年度	07年度	08年度	09年度	07年度	08年度	09年度
1	北星学園大学	5.75	7.33	7.78	2.40	2.44	2.94	I	I	I
2	東北学院大学	4.44	3.36	5.85	1.14	1.02	0.91	I	I	I
3	東北福祉大学	▲39.28	▲21.09	9.69	5.84	4.95	3.13	IV	IV	I
4	白鷗大学	▲8.42	3.02	▲2.95	4.19	1.02	▲1.01	IV	I	III
5	駿河台大学	▲0.28	3.01	1.99	▲2.81	0.95	0.63	III	I	I
6	獨協大学	▲6.81	▲2.70	7.22	1.96	1.68	1.49	IV	IV	I
7	日本工業大学	▲1.45	11.12	6.18	0.67	▲0.21	0.62	IV	II	I
8	文教大学	▲4.42	▲0.28	10.33	▲0.16	▲1.85	0.66	III	III	I
9	明海大学	7.07	5.27	2.27	4.29	3.50	1.46	I	I	I
10	千葉工業大学	▲2.27	▲13.45	▲2.40	—	2.37	▲0.62	—	IV	III
11	千葉商科大学	0.41	3.14	4.41	1.42	1.50	1.27	I	I	I
12	青山学院大学	5.97	▲13.17	1.18	5.59	▲13.03	0.57	I	III	I
13	亜細亜大学	2.35	▲3.36	4.12	4.36	▲4.97	2.25	I	III	I
14	桜美林大学	▲20.06	▲0.58	▲4.99	1.06	2.09	1.90	IV	IV	IV
15	大妻女子大学	17.07	11.83	12.69	1.37	1.18	1.09	I	I	I
16	学習院大学	5.81	▲7.69	▲18.07	1.51	1.12	1.36	I	IV	IV
17	北里大学	4.13	13.50	8.56	2.15	1.81	1.69	I	I	I
18	共立女子大学	▲7.06	9.17	9.78	0.72	1.44	0.47	IV	I	I
19	杏林大学	▲17.08	33.80	24.04	—	3.06	1.40	—	I	I
20	慶應義塾大学	▲2.08	▲12.67	▲5.18	0.31	▲13.24	▲1.02	IV	III	III
21	工学院大学	2.74	7.79	6.31	0.50	0.87	0.67	I	I	I
22	國學院大學	▲5.68	▲2.79	1.79	2.35	▲4.65	0.96	IV	III	I
23	国際基督教大学	▲0.92	▲2.77	▲5.32	1.19	0.49	0.68	IV	IV	IV
24	国士舘大学	▲6.48	5.52	6.23	1.61	1.18	1.15	IV	I	I
25	駒澤大学	14.59	▲32.92	▲3.26	8.67	▲33.83	▲0.99	I	III	III
26	芝浦工業大学	3.37	▲11.42	1.21	3.72	▲0.28	1.97	I	III	I
27	淑徳大学	—	—	▲4.14		0.34	0.20	—	—	III
28	城西大学	▲3.71	6.59	7.51	0.70	0.80	0.89	IV	I	I
29	上智大学	2.62	▲13.79	▲0.25	3.30	▲17.51	0.59	I	III	IV
30	昭和女子大学	11.87	40.26	11.39	5.65	15.25	5.30	I	I	I
31	成蹊大学	▲0.90	▲3.15	6.74	▲0.57	▲0.58	0.32	III	III	II
32	成城大学	▲3.49	1.71	6.93	0.75	2.07	0.84	IV	I	I
33	専修大学	▲7.85	5.64	31.00	4.05	1.03	1.22	IV	I	I
34	創価大学	1.78	▲3.86	2.40	1.97	1.35	0.69	I	IV	I
35	大正大学	11.33	▲7.83	▲30.46	0.10	▲0.93	▲1.99	I	III	III
36	大東文化大学	1.60	▲0.03	2.06	1.53	0.92	1.19	I	IV	I
37	拓殖大学	▲15.99	1.03	4.85	0.92	0.56	0.26	IV	I	I
38	玉川大学	1.70	2.84	6.21	2.53	2.90	1.55	I	I	I
39	多摩美術大学	—	—	15.46		1.02	0.77	—	—	I
40	中央大学	▲4.75	1.30	▲0.93	4.31	0.68	1.85	IV	I	IV
41	津田塾大学	8.15	9.49	7.06	0.76	4.27	3.48	I	I	I
42	東海大学	2.05	▲2.43	0.43	0.73	▲2.05	4.17	I	III	I
43	東京家政大学	▲0.56	▲0.04	2.26	0.64	0.27	0.43	IV	IV	I
44	東京経済大学	9.06	▲5.01	3.86	5.65	▲8.66	▲0.21	I	III	II
45	東京工科大学	▲16.07	25.80	92.55	—	▲5.48	▲31.74	—	II	III
46	東京工芸大学	—	—	0.66		0.70	▲1.33	—	—	II
47	東京女子大学	▲6.79	▲5.19	10.53	0.12	0.68	▲0.06	IV	IV	III
48	東京電機大学	4.19	▲31.17	17.75	1.95	▲2.70	1.07	I	III	IV
49	東京都市大学	3.30	▲15.61	4.55	3.16	3.13	12.87	I	IV	I
50	東京農業大学	7.16	5.96	7.95	▲0.78	▲0.14	▲0.09	II	II	II

	大学名	運用可能資産の増減率(%)			総合利回り(%)			4分類		
		07年度	08年度	09年度	07年度	08年度	09年度	07年度	08年度	09年度
51	東京理科大学	7.38	10.53	▲9.56	▲0.33	▲0.85	0.26	II	II	IV
52	東邦大学	▲14.67	3.48	24.42	▲0.47	3.84	3.47	III	I	I
53	東洋大学	16.79	▲8.40	10.21	0.90	1.10	0.00	I	I	I
54	日本大学	▲0.55	▲1.49	0.89	1.53	1.81	1.05	IV	IV	I
55	日本女子大学	—	—	11.94	—	0.33	0.19	—	I	I
56	文京学院大学	13.63	7.59	7.46	1.15	1.47	▲0.06	I	I	II
57	法政大学	55.19	1.87	11.38	25.32	▲2.68	2.65	I	II	I
58	武蔵大学	3.82	7.94	6.81	0.37	1.93	1.31	I	I	I
59	武蔵野大学	8.80	▲22.29	1.96	7.02	5.54	0.43	I	IV	I
60	明治大学	▲22.87	11.14	13.87	6.35	2.02	1.85	IV	I	I
61	明治学院大学	9.72	11.07	6.87	1.07	1.45	1.89	I	I	I
62	明星大学	▲9.04	▲1.49	1.93	0.81	0.75	0.66	IV	IV	I
63	目白大学	8.28	▲45.41	25.03	▲5.67	▲24.32	3.04	II	III	I
64	立教大学	11.87	3.01	14.33	0.78	▲0.22	1.44	I	II	I
65	立正大学	1.85	▲31.82	5.17	5.29	▲35.35	3.22	I	III	I
66	早稲田大学	1.79	▲9.92	3.29	6.61	4.97	0.50	I	IV	I
67	神奈川大学	10.55	9.50	5.80	0.71	0.75	0.63	I	I	I
68	関東学院大学	4.69	4.95	6.67	2.38	1.66	1.67	I	I	I
69	金沢工業大学	▲3.36	▲5.68	0.95	0.93	▲6.83	0.48	IV	III	I
70	山梨学院大学	▲7.51	26.43	10.90	0.31	3.38	1.97	IV	I	I
71	愛知大学	12.39	▲47.71	▲1.66	5.86	6.78	2.45	I	IV	IV
72	愛知学院大学	2.87	2.70	3.77	0.25	0.96	0.52	I	I	I
73	愛知工業大学	2.31	▲2.75	▲11.06	0.35	0.39	▲0.43	I	IV	III
74	愛知淑徳大学	12.59	10.53	▲12.30	1.11	0.16	▲0.44	I	I	III
75	金城学院大学	—	—	5.62	—	0.86	0.78	—	—	I
76	椙山女学園大学	—	▲4.55	▲4.09	0.46	▲1.42	0.33	—	III	IV
77	中京大学	▲1.02	▲7.21	12.52	▲1.24	0.08	0.66	III	IV	I
78	中部大学	▲15.14	▲21.77	▲15.81	1.47	0.46	1.25	IV	IV	IV
79	豊田工業大学	1.37	1.29	▲21.46	1.46	1.48	1.22	I	I	IV
80	名古屋学院大学	20.83	▲10.06	5.91	3.95	▲26.07	3.51	I	III	I
81	名古屋商科大学	10.44	7.54	20.54	0.61	0.87	0.65	I	I	I
82	南山大学	2.88	▲17.55	▲2.78	2.89	1.61	0.36	I	IV	IV
83	日本福祉大学	▲10.89	▲0.15	0.49	1.25	1.64	0.77	IV	IV	I
84	名城大学	15.77	13.78	12.30	1.31	1.34	0.71	I	I	I
85	大谷大学	3.02	3.64	1.11	0.90	0.90	0.89	I	I	I
86	京都産業大学	1.50	1.61	▲14.63	1.66	1.09	1.69	I	I	IV
87	京都女子大学	—	—	4.44	—	1.07	0.72	—	—	I
88	京都精華大学	13.98	▲1.30	19.38	0.78	▲1.85	1.47	I	III	I
89	同志社大学	0.79	▲1.41	6.38	0.94	▲2.91	1.20	I	III	I
90	立命館大学	8.46	14.11	8.27	0.75	0.77	0.81	I	I	I
91	龍谷大学	5.52	3.20	0.16	1.49	1.63	1.62	I	I	I
92	追手門学院大学	▲9.86	▲2.52	3.24	2.37	0.50	0.02	III	IV	I
93	大阪経済大学	8.67	5.76	1.48	1.87	▲3.21	1.38	I	II	I
94	大阪工業大学	4.09	▲1.77	13.65	2.12	▲4.03	1.50	I	III	I
95	関西大学	2.17	▲3.42	▲19.51	1.06	1.47	0.48	I	IV	IV
96	関西外国語大学	14.57	11.87	9.53	1.05	0.97	0.91	I	I	I
97	近畿大学	21.94	4.53	▲7.01	0.79	0.80	0.04	I	I	IV
98	阪南大学	4.50	4.25	3.76	0.67	0.65	0.38	I	I	I
99	桃山学院大学	▲2.75	▲6.42	6.80	1.61	1.13	1.85	IV	IV	I
100	関西学院大学	▲2.24	2.51	16.53	2.59	1.48	1.46	IV	I	I

	大学名	運用可能資産の増減率(%)			総合利回り(%)			4分類		
		07年度	08年度	09年度	07年度	08年度	09年度	07年度	08年度	09年度
101	甲南大学	▲10.46	▲13.56	0.77	1.25	▲0.07	0.91	Ⅳ	Ⅲ	Ⅰ
102	神戸学院大学	7.79	6.26	4.07	1.92	2.17	▲0.15	Ⅰ	Ⅰ	Ⅱ
103	武庫川女子大学	▲9.28	1.46	3.86	1.51	1.37	1.02	Ⅳ	Ⅰ	Ⅰ
104	流通科学大学	6.53	6.39	▲3.49	1.14	1.37	1.41	Ⅰ	Ⅰ	Ⅳ
105	広島経済大学	6.25	4.19	—	4.94	1.98	—	Ⅰ	Ⅰ	—
106	広島修道大学	8.40	6.20	0.01	0.12	1.24	▲0.19	Ⅰ	Ⅰ	Ⅱ
107	松山大学		4.24	3.00	1.49	1.14	0.51	—	Ⅰ	Ⅰ
108	九州産業大学	0.50	▲1.81	6.27	0.85	▲2.75	▲0.47	Ⅰ	Ⅲ	Ⅱ
109	久留米大学	0.15	▲24.74	32.34	▲0.71	▲3.44	0.77	Ⅱ	Ⅲ	Ⅰ
110	西南学院大学	0.90	4.72	▲4.68	1.32	1.30	1.16	Ⅰ	Ⅰ	Ⅳ
111	福岡大学	4.92	▲1.62	▲5.98	1.04	1.12	0.74	Ⅰ	Ⅳ	Ⅳ
112	福岡工業大学		0.53	2.64	0.88	0.93	1.12	—	Ⅰ	Ⅰ
113	沖縄国際大学	14.21	4.18	9.04	▲1.25	0.58	0.49	Ⅱ	Ⅰ	Ⅰ

(注1) 運用可能資産の増減率と総合利回りの分類は次のように定義している。なお、増減率は対前年度比(%)である。▲印はマイナスを示す。
①各年度の運用可能資産・増減率と総合利回りがプラスの場合、第Ⅰ分類となる。
②各年度の運用可能資産・増減率がプラスで、総合利回りがマイナスの場合、第Ⅱ分類となる。
③各年度の運用可能資産・増減率と総合利回りがマイナスの場合、第Ⅲ分類となる。
④各年度の運用可能資産・増減率がマイナスで、総合利回りがプラスの場合、第Ⅳ分類となる。
(注2) 網掛けは図表2-1、2-2で取り上げた巨額の含み損を抱えた私立大学のケースを意味している。

図表 2-6　私立大学を対象にした4分類の内訳

	4 分 類				合計
	Ⅰ	Ⅱ	Ⅲ	Ⅳ	
2007年度	62 (61.4)	5 (5.0)	6 (5.9)	28 (27.7)	101 (100.0)
2008年度	48 (44.9)	8 (7.5)	24 (22.4)	27 (25.2)	107 (100.0)
2009年度	76 (67.9)	8 (7.1)	10 (8.9)	18 (16.1)	112 (100.0)
合計	186 (58.1)	21 (6.6)	40 (12.5)	73 (22.8)	320 (100.0)

(注) 単位：大学数。カッコ内は%。

る。

　多くの私立大学がこの領域に属するのはかなり意外な結果であったように思われる。第Ⅰ分類は運用が好調な場合に属する領域である。あの世界経済危機下で総合利回りをプラスにするのは運用業務を専門とする機関投資家でさえ難しかったのに、投資のプロとは到底呼べない私立大学の多くがプラス

図表2-7　2007年度から2009年度の3ヵ年を対象にした4分類の推移

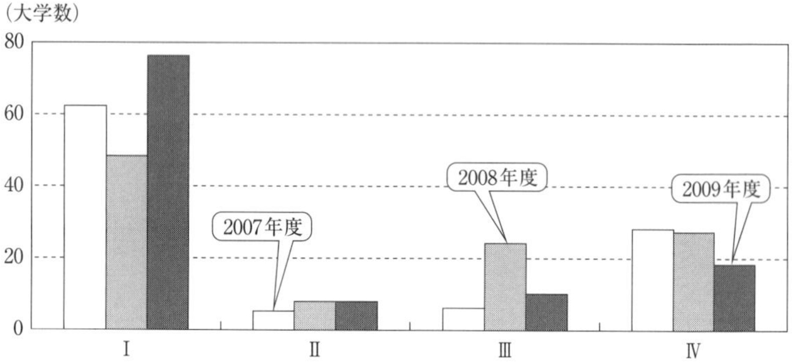

（大学数）

　の総合利回りを弾き出しているのは不思議に感じられるであろう。

　ただし、厳しい運用環境下でも運用可能資産の増減率がプラスになるのは可能である。なぜなら、それは運用成果だけに依存するとは限らないからである。運用収入とは別に新規資金の流入から増えていくので、たとえリーマンショック前後の厳しい運用環境の中で運用可能資産が増えていてもおかしなことではない。

　だが、そのことを考慮しても予想したものとはかなり違った結果が出ているようにみえる。

(4) 第Ⅲ分類の私立大学を対象にした計測

　それでは先ほどの運用環境が悪化した場合の3種類の運用指標と運用可能資産の関係は、まったく意味のないものだったのであろうか。

　そこで、第Ⅲ分類に属する3カ年の数値（データ数40）だけを取り出し、それぞれの指標間の関係を回帰分析から確認してみたい。計測結果は次の通りである。なお、カッコ内は t 値であり、*印は5％有意を意味している。

$$キャピタル損益率 = 1.65 - 3.92\ 直接利回り \qquad 決定係数\ 0.79$$
$$(1.29)\ (-12.12)^*$$

$$\text{総合利回り} = 0.91 + 0.80 \text{ キャピタル損益率} \qquad \text{決定係数 } 0.98$$
$$\qquad\qquad\quad (3.52)^* \ (47.72)^*$$

$$\text{運用可能資産増減率} = -4.88 + 1.13 \text{ 総合利回り} \qquad \text{決定係数 } 0.43$$
$$\qquad\qquad\qquad\quad (-2.02)^* \ (5.51)^*$$

　この計測結果をみる限りでは、直接利回りの高い私立大学ほどキャピタル損失を抱え、それは総合利回りを引き下げ、最終的に運用可能資産を減らしている。これにより理論的説明が実証的に確認できたことになる。

　だが、それはあくまでも総合利回りも運用可能資産の増減率もマイナスの第Ⅲ分類に属する私立大学だけを対象にした結果に過ぎない。確かに理論と実証が一致する結果が得られているが、それらの大学は主要な私立大学の中でもわずかな割合しか占めていない。

　ほとんどがその関係から外れた領域に位置付けられているのがデータから得られた本当の姿である。それでは、なぜ予想に反した結果が生じたのであろうか。その原因を探っていくことにしたい。

第3節　運用の実態を反映しない私立大学の決算

(1) 評価損と含み損の相違

　今日の私立大学は運用手法の多様化を進め、現預金と国債を中心とするローリスク・ローリターンの運用から内外の株式、ヘッジファンド、仕組み債、通貨オプションなどのハイリスク・ハイリターンの運用にウエイトを移す傾向にある。それにより運用実績のよい私立大学の中には運用益でキャンパスに直結する新駅を開業させるところも現れたほどであった。

　だが、リーマンショック前後の不安定な運用環境に突入すると、それまでの積極的運用が完全に裏目に出てしまい、多くの私立大学は悲惨な運用成果

に苦しんだ。それならば、運用の失敗から損失が発生し、総合利回りはマイナスになり、運用可能資産は減少するはずである。

ところが、先ほども確認したように決算から導き出された運用指標をみると、ほとんどの私立大学が危機とはまったく無縁の結果が示された。

不思議な現象のようにみえるかもしれないが、現実の認識とデータが食い違う根本的な原因は極めて単純で、有価証券の特異な評価方法そのものにある。つまり、会計上、売却損・評価損は消費収支決算書や貸借対照表にそのまま反映されるのに対して、マスコミなどで運用の失敗として強調された含み損は決算に反映されないのである。

そうすると、私立大学の運用成果を評価するうえで気をつけなければならないのは、評価損と含み損の相違となる。そのことを確認するため、私立学校の「学校法人会計基準」から関連する箇所を抜粋すると、次のようになる。

(資産の評価)
第25条　資産の評価は、取得価額をもってするものとする。ただし、当該資産の取得のために通常要する価額と比較して著しく低い価額で取得した資産又は贈与された資産の評価は、取得又は贈与の時における当該資産の取得のために通常要する価額をもってするものとする。
(有価証券の評価換え)
第27条　有価証券については、第25条の規定により評価した価額と比較してその時価が著しく低くなった場合には、その回復が可能と認められるときを除き、時価によって評価するものとする。
(貸借対照表の記載方法)
第34条　引当金の計上基準その他の計算書類の作成に関する重要な会計方針については、当該事項を脚注として記載するものとする。
第7項　前各項に規定するもののほか、財政及び経営の状況を正確に判断するために必要な事項については、当該事項を脚注として記載するものと

する。

(私立学校の「学校法人会計基準」より必要な箇所のみ引用)

　わかりにくい表現なので上記の内容を有価証券の資産運用に関連づけながら解説すると、まず、基本的に取得価額で資産を評価するが、有価証券については時価が著しく低くなった場合、時価によって評価する**(第25条)**。この場合、取得価格と時価の差額が評価損として計上される。

　ただし、有価証券の価値がいずれ取得価額まで回復する可能性があると判断すれば、そのままにしておくことができる**(第27条)**。時価は取得価額よりも下がっているが、帳簿上は何も修正しないことになる。

　それでも時価と取得価額の差額が評価損として計上するに至らないまでも、大学の財政状態に注意を喚起する必要性のある場合はその金額を含み損として脚注に記されることになる**(第34条第7項)**。

　すなわち、学校法人会計では評価損と含み損の決算への影響がまったく異なっているのである。評価損は所有する有価証券の時価が取得価額よりも大幅に減っているので、売却損と同じ扱いをするのに対して、含み損は所有する有価証券を取得価格のままで維持できる。

　したがって、売却損と評価損は消費収支計算書や貸借対照表にその金額が反映され、含み損は注記として示されるだけで消費収支計算書にも貸借対照表にも影響を及ぼさないことになる。

　この違いが総合利回りと運用可能資産の増減率において予想とまったく異なった結果を生み出す要因になっている。総合利回りを計測する場合、資産運用収入に資産売却差額を加え、そこから資産処分差額を引き、その合計金額を運用可能資産で割ることで求める。だが、ここでいう資産処分差額は売却損と評価損であり、含み損は含まれていないのである。

(2) 含み損を反映した運用利回り

すでにリーマンショック前後の悲惨な運用状況について触れたが、当時の私立大学は巨額の含み損を抱え、そのことが一部の大学で新規事業の延期を迫られたり、将来に向けた着実な歩みを狂わせたりした。だからこそ、新聞や週刊誌などマスコミは私立大学の運用の失敗として売却損や評価損だけでなく含み損にも大きな関心を示した。

だが、含み損は大学の決算で直接反映されないため、運用指標である総合利回りを押し下げないばかりか、運用可能資産も減らさないままの状態になる。確かに会計上はそうした処理が認められているが、時価で評価すれば総合利回りも運用可能資産も帳簿上の数値よりも低くなり、このほうが現実の運用実績を反映しているといえる。

先ほどの**図表 2-5** を再びみてもらいたい。この中で網掛けの箇所は**図表 2-1** と**図表 2-2** でマスコミが指摘した巨額の含み損を抱えた私立大学の総合利回りと運用可能資産の増減率、そして4分類を表している。**図表 2-8** は実際にそれらの私立大学が4分類のどの領域に属しているかを年度ごとに図で描いたものである。

それをみるとわかるように巨額の含み損を抱え運用の失敗が指摘されているにもかかわらず、総合利回りも運用可能資産の増減率もプラスの第Ⅰ分類に属する私立大学が多いのに気づく。また、それとは対照的に両者がマイナスの第Ⅲ分類の私立大学は少ない。

図だけでも現実と懸け離れた姿が手に取るようにわかるが、**図表 2-9** ではさらに正確に捉えるため、それぞれの領域に属する私立大学の姿が数値で表されている。ここで第Ⅰ分類の割合をみると、2007年度では23校に対して18校であり、その割合は78.3％である。

2008年度は25校に対して9校なので36.0％であるが、2009年度は27校に対して13校の48.1％である。3カ年全体では合計の75校に対して39校なので52.0％となる。

図表 2-8　巨額含み損を抱えた私立大学の分布図

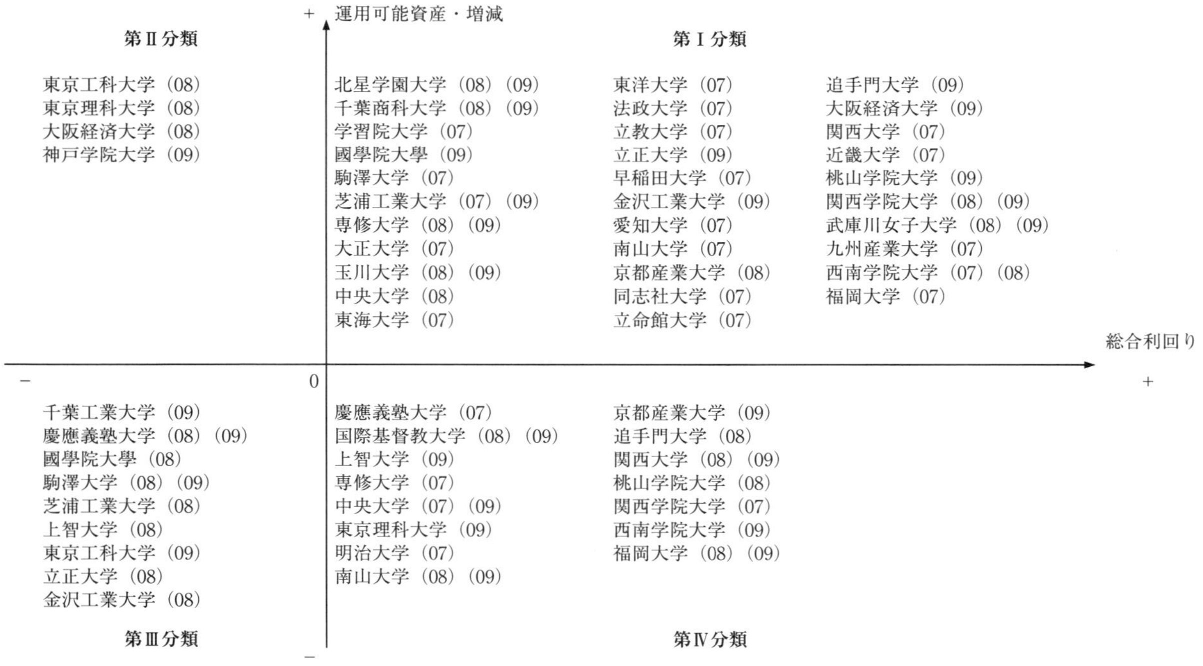

運用可能資産・増減　+

第 II 分類

東京工科大学 (08)
東京理科大学 (08)
大阪経済大学 (08)
神戸学院大学 (09)

第 I 分類

北星学園大学 (08) (09)
千葉商科大学 (08) (09)
学習院大学 (07)
國學院大學 (09)
駒澤大学 (07)
芝浦工業大学 (07) (09)
専修大学 (08) (09)
大正大学 (07)
玉川大学 (08) (09)
中央大学 (08)
東海大学 (07)

東洋大学 (07)
法政大学 (07)
立教大学 (07)
立正大学 (09)
早稲田大学 (07)
金沢工業大学 (09)
愛知大学 (07)
南山大学 (07)
京都産業大学 (08)
同志社大学 (07)
立命館大学 (07)

追手門大学 (09)
大阪経済大学 (09)
関西大学 (07)
近畿大学 (07)
桃山学院大学 (08) (09)
関西学院大学 (08) (09)
武庫川女子大学 (08) (09)
九州産業大学 (07)
西南学院大学 (07) (08)
福岡大学 (07)

総合利回り　+

0

慶應義塾大学 (07)
国際基督教大学 (08) (09)
上智大学 (09)
専修大学 (07)
中央大学 (07) (09)
東京理科大学 (09)
明治大学 (07)
南山大学 (08) (09)

京都産業大学 (09)
追手門大学 (08)
関西大学 (08) (09)
桃山学院大学 (07)
関西学院大学 (09)
西南学院大学 (09)
福岡大学 (08) (09)

第 IV 分類

−

第 III 分類

千葉工業大学 (09)
慶應義塾大学 (08) (09)
國學院大學 (08)
駒澤大学 (08) (09)
芝浦工業大学 (08)
上智大学 (08)
東京工科大学 (09)
立正大学 (08)
金沢工業大学 (08)

−

第2章　私立大学の正しい運用利回りを求めて　51

図表2-9　巨額の含み損を抱えた私立大学の内訳

	4 分 類				合計
	I	II	III	IV	
2007年度	18 (78.3)	0 (0.0)	0 (0.0)	5 (21.7)	23 (100.0)
2008年度	9 (36.0)	3 (12.0)	7 (28.0)	6 (24.0)	25 (100.0)
2009年度	13 (48.1)	1 (3.7)	4 (14.8)	9 (33.3)	27 (100.0)
合計	39 (52.0)	4 (5.3)	11 (14.7)	20 (26.7)	75 (100.0)

（注）単位：大学数。カッコ内は％。

　それに対して総合利回りも運用可能資産の増減率もマイナスの第III分類の割合をみると、2007年度では23校に対して0校で、割合は0％である。2008年度は25校に対して7校であるので28.0％とやや大きいが、2009年度は27校に対して4校で、その割合は14.8％である。全体では75校に対して11校であるので14.7％となる。

　このように巨額含み損の私立大学を対象にした分析からも明らかなように、一般に公表される決算報告からは運用の実態がなかなか伝わりにくい。それは含み損が誰でもみえる形で私立大学の決算に反映されていないからである。

　その一方で、運用の担当者の中には長期的視点から資産を運用しているので含み損が発生していてもまったく影響がないと考えている人も多いようだ。特に運用悪化からマスコミなどで批判された私立大学はそのことを強調する傾向にある。

　だが、時間が経てば相場が回復するという保証は何もない。反対に悪化する恐れもある。それゆえ、楽観的な相場観は危険であり、含み損は売却損や評価損と同じように損失としてみなすようにしなければならない。

　運用の失敗から私立大学の管理体制が杜撰であった実態も曝け出され、資産運用規約の必要性が盛んに訴えられている。だが、含み損が決算に反映さ

れない会計システムのもとではいくら管理体制を強化しても効果は期待できないであろう。

　現状の会計処理のもとでは、たとえ決算書をホームページに載せるなど情報開示を進めても、私立大学が抱える運用リスクの実態はステークホルダーになかなか伝わりにくい。最終的な指標である総合利回りを決算書から求めても、会計上の制約がある限り有効な数値は生み出されにくいうえ、運用資金も実質的に目減りしている実態に気づかないままとなる。

　そうした危険な状態を回避するには含み損の会計上の扱い方を改善していかなければならない。それが実現できた時、初めて実態を反映した正しい運用利回りが得られることになろう。

第3章

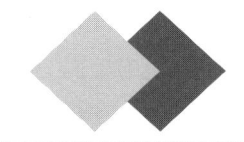

米国に学ぶ私立大学の正しい資産運用体制

第1節　運用成果を示す新指標

(1) 新運用利回りの導入

　周知のように私立大学の資産運用は大学を取り巻く経営環境の厳しさから、その重要性が年々高まりつつある。だが、そうした認識とは裏腹に、肝心要の運用成果を示す指標が公表されないままにあるのが現状である。それでも求めようとすれば、年度ごとに発表される各大学の財務諸表から代表的な運用指標である総合利回りを弾き出すこともできる。

　総合利回りは利息・配当金収入にキャピタル損益を加えたものを運用可能資産で割れば求められる。利息・配当金収入だけを対象にした直接利回りもしばしば運用指標として目に触れるが、それよりもキャピタル損益を加えた総合利回りのほうが運用成果をさらに正確に把握できるという点で優れている。

　そのためにはキャピタル損益を求めるうえで必要な資産売却差額と資産処分差額の項目にも注意を払う必要がある。しかし、第2章でも指摘したようにリーマンショックにみられたような不安定な運用環境のもとでは、キャピタル損益だけでは依然として正確な運用利回りを求めたことにはならない。

　やはり有価証券の含み損益も加えなければ正しい運用利回りとはいえないであろう。今日では株価下落や円高の急激な進行から大学が保有する有価証券の含み損は膨らむばかりである。もちろん、含み損は実現損ではないので、

損失が確定したわけではない。時間が経過すれば元に回復するかもしれない。

だが、その保証はまったくない。しかも含み損が急拡大すればキャンパス計画の見直しをせざるを得なくなるなど、大学経営にかなりの打撃をもたらす恐れもある。それゆえ、含み損を無視するわけにはいかない。

そこで、リーマンショックの影響を受けた2008年度から2010年度の3カ年を分析の対象にしながら、含み損益を加えた新しい運用利回りを主要私立大学の決算データから求めてみることにしたい。

その作業として、まず「大学四季報」（各年度）から旧運用利回りとして通常の総合利回りを計算し、さらに新聞・経済雑誌で得られた含み損益を加味しながら新運用利回りを求めていく。

そのことを計算式で整理すると、次のようになる。

旧運用利回り（％）＝通常の総合利回り
　　　　　　　　＝（利息・配当金＋資産売却差額−資産処分差額）
　　　　　　　　　÷旧運用可能資産×100

新運用利回り（％）＝（利息・配当金＋資産売却差額−資産処分差額
　　　　　　　　　＋有価証券の含み損益）÷新運用可能資産×100

いうまでもなく、新運用利回りの計算式で含み損はマイナス要因として、逆に含み益はプラス要因として反映される。また、この式の新運用可能資産は旧運用可能資産に有価証券の含み損益を加味した金額になる。

(2) 変動をもたらす含み損益の影響

図表3-1は実際に主要私立大学の新・旧運用利回りを計算したものである。両運用利回りを比較しようとして作成されたものであるが、残念ながら、利用可能なデータが完璧に揃っていないため、所々に計算できず、空白の箇

図表3-1 主要私立大学の新・旧運用利回り

	大学名	運用利回り(%)		
		08年度	09年度	10年度
1	北星学園大学	(2.44)	5.06 (2.94)	
2	千葉工業大学	(2.37)	(▲0.62)	▲4.53 (▲2.58)
3	千葉商科大学	(1.50)	9.23 (1.27)	
4	慶應義塾大学	▲26.36 (▲13.24)	17.23 (▲1.02)	▲1.27 (0.46)
5	國學院大學	(▲4.65)	2.26 (0.96)	▲0.76 (▲0.17)
6	国際基督教大学	(0.49)	6.65 (0.68)	0.67 (0.50)
7	駒澤大学	▲27.40 (▲33.83)	7.74 (▲0.99)	▲8.78 (▲18.34)
8	芝浦工業大学	▲8.43 (▲0.28)	4.27 (1.97)	▲1.77 (▲4.52)
9	上智大学	(▲17.51)	4.20 (0.59)	0.59 (0.23)
10	専修大学	▲5.72 (1.03)	3.53 (1.22)	▲1.55 (0.69)
11	玉川大学	(2.90)	2.59 (1.55)	0.25 (0.50)
12	中央大学	▲1.64 (0.68)	1.05 (1.85)	
13	東京工科大学	(▲5.48)	▲40.78 (▲31.74)	
14	東京理科大学	(▲0.85)	0.82 (0.26)	9.50 (8.69)
15	立正大学	▲34.93 (▲35.35)	20.42 (3.22)	4.21 (1.97)
16	金沢工業大学	(▲6.83)	2.29 (0.48)	▲5.30 (▲2.41)
17	南山大学	(1.61)	23.59 (0.36)	▲1.87 (0.49)
18	京都産業大学	(1.09)	2.11 (1.69)	

	大学名	運用利回り (%)		
		08年度	09年度	10年度
19	追手門学院大学	(0.50)	2.30 (0.02)	
20	大阪経済大学	(▲3.21)	2.37 (1.38)	▲1.33 (0.43)
21	関西大学	▲0.41 (1.47)	0.00 (0.48)	0.19 (▲1.22)
22	桃山学院大学	(1.13)	▲1.19 (1.85)	▲0.44 (1.10)
23	関西学院大学	▲1.07 (1.48)	3.06 (1.46)	
24	神戸学院大学	(2.17)	(▲0.15)	0.02 (0.15)
25	武庫川女子大学	(1.37)	2.86 (1.02)	0.57 (1.30)
26	西南学院大学	▲0.82 (1.30)	2.24 (1.16)	▲1.01 (0.16)
27	福岡大学	▲2.71 (1.12)	4.46 (0.74)	▲0.83 (0.21)

（注）上段は新運用利回り、下段の括弧は旧運用利回り。

所が散見される。

　そこで、2種類の新・旧運用利回りが揃っている箇所を網掛けにしながら、その箇所だけを対象にした年度ごとの平均値を求め、それらを比較していきたい。**図表3-2**は網掛け部分を対象にした新・旧運用利回りの平均値を年度ごとに描いたものである。

　この図をみるとわかるように新運用利回りのほうが旧運用利回りよりも変動が大きいことが確認できる。これはリーマンショックの影響から有価証券の含み損益が大きく変動したためである。

　2008年度をみると、新運用利回りは旧運用利回りよりも大きく落ち込んでいる。これは明らかに含み損を大量に抱えたためである。それに対して2009年度は前年度と対照的に、新運用利回りのほうが旧運用利回りよりも

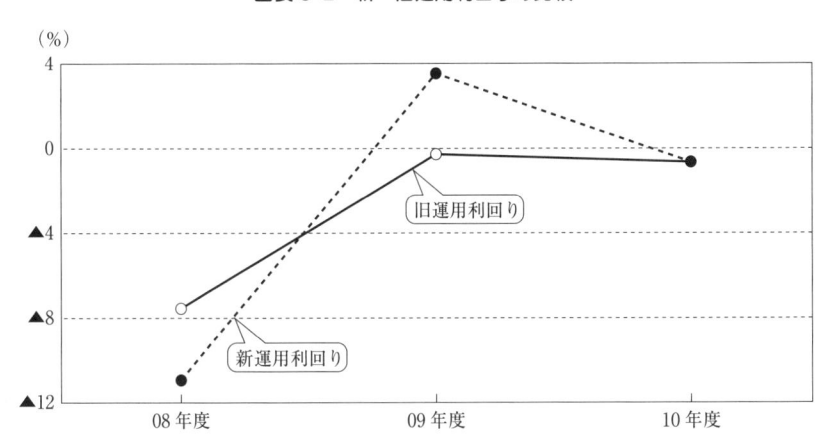

図表 3-2　新・旧運用利回りの比較

大きく上昇している。リーマンショックの反動から含み益に転じたり、あるいは含み損が縮小した大学が現れたためである。そして 2010 年度は運用環境がやや落ち着きを取り戻したせいか、両運用利回りにほとんど差がみられなくなっている。

　本来ならば新・旧運用利回りの比較だけでも十分かもしれないが、両者を計算するうえで必要な運用可能資産にも注目してみたい。**図表 3-3** はデータから直接利用できる従来の旧運用可能資産と有価証券の含み損益を加えた新運用可能資産の対前年度増減率を同じ 3 カ年を対象にしながら計算したものである。

　先ほどと同様にデータの制約から計算不能な箇所は空白のままになっている。新・旧運用可能資産増減率が比較可能な箇所だけが網掛けで記されている。

　網掛け部分だけを対象にしながら年度ごとに平均値を求め、その変動を比較したものが**図表 3-4** である。その姿は運用利回りとまったく同じである。2008 年度は新運用可能資産増減率が旧運用可能資産増減率よりも下回り、2009 年度は反対に新運用可能資産増減率が旧運用可能資産増減率を上回っ

第 3 章　米国に学ぶ私立大学の正しい資産運用体制　　59

図表 3-3 主要私立大学の新・旧運用可能資産増減率

	大学名	運用可能資産増減率(%)		
		08 年度	09 年度	10 年度
1	北星学園大学	(7.33)	11.08 (7.78)	
2	千葉工業大学	▲13.45	(▲2.40)	▲8.43 (▲5.18)
3	千葉商科大学	(3.14)	14.53 (4.41)	
4	慶應義塾大学	▲29.61 (▲12.67)	18.47 (▲5.18)	▲13.58 (▲9.58)
5	國學院大學	(▲2.79)	3.34 (1.79)	11.55 (11.62)
6	国際基督教大学	(▲2.77)	0.38 (▲5.32)	▲7.07 (▲6.79)
7	駒澤大学	▲44.48 (▲32.92)	9.75 (▲3.26)	▲1.46 (▲9.53)
8	芝浦工業大学	▲21.27 (▲11.42)	4.54 (1.21)	▲7.26 (▲8.36)
9	上智大学	(▲13.79)	3.68 (▲0.25)	▲0.29 (▲0.63)
10	専修大学	▲1.60 (5.64)	39.19 (31.00)	▲2.25 (0.17)
11	玉川大学	(2.84)	7.83 (6.21)	6.56 (6.50)
12	中央大学	▲1.14 (1.30)	▲1.92 (▲0.93)	
13	東京工科大学	(25.80)	▲96.48 (▲92.55)	
14	東京理科大学	(10.53)	▲9.39 (▲9.56)	50.87 (47.98)
15	立正大学	▲38.01 (▲31.82)	30.81 (5.17)	5.15 (2.54)
16	金沢工業大学	(▲5.68)	2.96 (0.95)	▲8.97 (▲5.89)
17	南山大学	(▲17.55)	79.50 (▲2.78)	▲10.34 (▲2.44)
18	京都産業大学	(1.61)	▲14.56 (▲14.63)	

	大学名	運用可能資産増減率(%)		
		08年度	09年度	10年度
19	追手門学院大学	(▲2.52)	5.95 (3.24)	
20	大阪経済大学	(5.76)	2.68 (1.48)	▲0.54 (0.39)
21	関西大学	▲5.32 (▲3.42)	▲20.64 (▲19.51)	6.41 (4.62)
22	桃山学院大学	(▲6.42)	3.63 (6.80)	2.92 (4.38)
23	関西学院大学	▲0.11 (2.51)	20.22 (16.53)	
24	神戸学院大学	(6.26)	(4.07)	8.57 (8.29)
25	武庫川女子大学	(1.46)	5.94 (3.86)	4.53 (5.26)
26	西南学院大学	2.57 (4.72)	▲3.82 (▲4.68)	7.71 (9.00)
27	福岡大学	▲5.61 (▲1.62)	▲2.69 (▲5.98)	▲12.60 (▲11.11)

(注) 上段は新運用可能資産増減率、下段の括弧は旧運用可能資産増減率。

図表3-4 新・旧運用可能資産増減率の比較

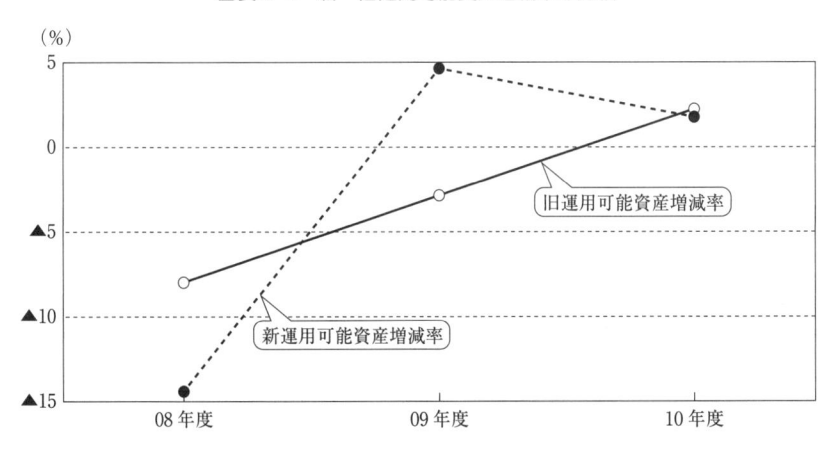

第3章 米国に学ぶ私立大学の正しい資産運用体制

ている。そして 2010 年度になると、両者の差がほとんどなくなっている。

　当然のことであるが、運用環境が急激に変化する状況のもとでは有価証券の含み損益が影響するため、運用利回りであれ、運用可能資産であれ、新しい指標は従来の指標に比較して大きな変動を示すことになる。

　平穏な運用環境に置かれていれば、従来の指標でもある程度の役割を果たせたかもしれない。だが、今日のような厳しい運用環境に置かれている場合、新しい指標を利用しない限り、正しい情報を得ていることにはならないであろう。このことは私立大学の運用の実態を明らかにするためにも必要である。

第 2 節　日本の大学における資産運用体制

(1) 資産運用の重要性

　こうして新運用利回りは含み損益の導入から、利息・配当金による直接利回りやキャピタル損益を加えた総合利回りよりも、さらに大きな変動を示すことになる。とりわけ、リーマンショック前後の時期を対象にしながら新運用利回りと他の指標を比較すれば、その違いは明確に把握できる。

　私立大学の資産運用は新運用利回りに置き直せば、予想以上にリスキーな運用を行っている実態が明らかにされる。そのことは漠然とした表現であるが、マスコミなどでも同じような内容の報道が行われている。そのため、大学の資産運用はできる限り、リスクを負わない安全志向に切り替えていかなければならないと考える人が多いようにみえる。

　実際、資産運用の失敗から従来の方針を見直さざるを得ない事態に追い込まれた私立大学が一部で存在しているので、運用姿勢の転換は当然のように思えるかもしれない。だが、長期的にわが国の大学経営を捉えれば、必ずしも安全志向の資産運用が好ましいとはいえない。むしろ、将来的には積極的な資産運用を実行しなければ、大学経営が行き詰まる恐れのほうが高いとも思われる。

現在は学生からの授業料納付金を中心にしながら国からの補助金で大学経営が賄われている。しかしながら、大学を取り巻く環境は年度ごとに厳しさを増し、さらに日本の財政も余裕が失われつつある。それに加えて、社会が大学に求める要求も高まりつつある。そのため授業料納付金と補助金だけで大学を支えるのが難しくなっている。

　それを補完するのが資産運用であり、そこから生み出される運用収入が小さくてはまったく意味がない。大学経営に貢献するには高い運用収入の獲得が必要であり、それを実現するにはそれなりのリスクを負担せざるを得ない。したがって、わが国の私立大学が安定的経営を持続するにはある程度のハイリスク・ハイリターンの資産運用が必要と考えられる。

　以下ではそのことをシステムダイナミックスのソフトであるスタジオ8を用いて説明していきたい。ここでは四角形で示されたストック（□）と円形で示されたフロー（○）の記号を用いながら大学経営のフレームワークを構築し、その後でシミュレーションを通じて運用に慎重なタイプと積極的なタイプを比較していく。

　本来ならば、以下で示す日本型大学モデルに組み込まれた各変数の性質や定数についても丁寧に説明しなければならないが、本文ではそうした説明を割愛し、ごく大雑把に資金の流れを追いながら結論だけを報告する形を取っている。

　ただし、モデルの詳細は本章の**付録3-A**をみることで把握できるようになっている。詳細な仮定などに興味のある読者はここに収録されている方程式群をみて頂きたい。

(2) 日本型大学モデル

　まず、私立大学の収入と支出の関係からみていこう。**図表3-5**は大学運営の中心に相当する部門を示したものである。「**授業料収入**」と「**運用収入B**」で構成される「**帰属収入**」が大学本体に流入し、その資金が「**消費支**

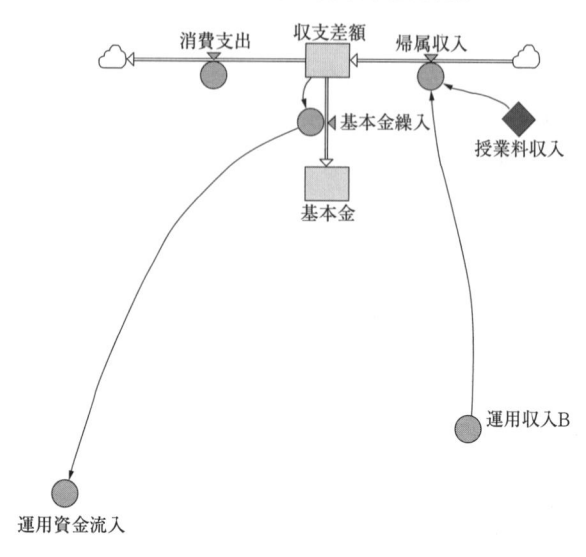

図表3-5　私立大学の収入と支出の関係

出」として大学の使命である教育・研究活動に使われていく。この流れが途切れなければ、大学は未来永劫にわたって存続できることになる。

　帰属収入と消費支出は必ずしも一致するわけではないので、両者のギャップである「**収支差額**」が生じ、その資金は「**基本金繰入**」を通じて「**基本金**」に向かっていく。基本金は校舎や校地などキャンパス整備を目的に蓄積された金額に相当する。今日の大学は設備にかなりのウエイトを置かなければ充実した運営が難しい時代に入っている。そのため、基本金は大学経営で重要な位置を占めている。

　だが、すぐに具体的な目的のために利用されるわけではないので、基本金繰入の一部が「**運用資金流入**」として資産運用に用いられる。現金の形で保有しておくよりも運用で利息・配当金等を得たほうが大学経営にとって好ましいからである。

　なお、ここで注意しなければならないことがある。それは説明の順番が若

干違っている点である。実際の決算書による私立大学の説明では帰属収入の一部が前もって基本金に繰り入れられ、残りが消費支出に向かうと解釈されているからだ。しかし、最終的には同じ結果となるので、ここでは経営の基本に従い、自然な解釈を採用している。

こうして帰属収入と消費支出の差額に相当する基本金繰入は、すべてが校舎や校地などの建設関連資金としてすぐに用いられるわけではない。一部は資産運用の資金として蓄積され、時間が経過した時点で新たに本来の目的に利用される。

そのプロセスを描いたものが**図表 3-6** である。このモデルでは上流の水が2つのダムに溜まりながら徐々に下流に向かっていく様子をイメージしながら、運用資金の流れを説明している。

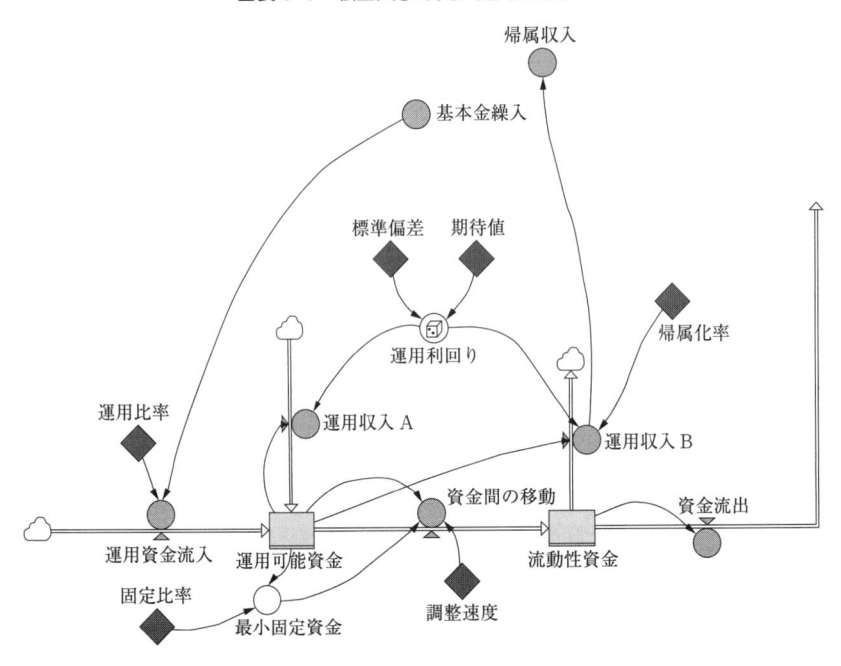

図表 3-6　私立大学の資産運用の流れ

第 3 章　米国に学ぶ私立大学の正しい資産運用体制

最初に収支差額の一部は「**基本金繰入**」に「**運用比率**」を掛けた金額だけ「**運用資金流入**」として第1ダムの「**運用可能資金**」に流れていく。帰属収入が消費支出を上回れば収支は黒字となり、その一部が運用可能資金というダムに貯められていく。だが、いつでも収支が黒字であるとは限らない。逆に帰属収入が消費支出を下回る赤字の状態も起きるであろう。その時は運用可能資金が減少していくことになる。

　いずれにせよ、そこに蓄積された資金は資産運用のために用いられるので、「**期待値**」と「**標準偏差**」によって性格づけられた「**運用利回り**」から「**運用収入A**」が生み出される。しかも、それだけに留まらず、運用可能資金に再び環流し、繰り返し利用されていく。

　いうまでもなく、運用収入は利回りの期待値が高いほど大きくなり、また標準偏差が大きいほど変動が激しくなる。それゆえ、期待値と標準偏差がともに大きな運用をハイリスク・ハイリターンの資産運用と呼び、反対に期待値も標準偏差も低い運用をローリスク・ローリターンの資産運用と呼んでいる。

　また、高い利回りを追求する場合、ある程度の流動性を犠牲にしなければならない。すぐに現金化できるような状態ではなかなか高い収益が望めないからである。そこで、このモデルでは運用可能資金に「**固定比率**」を掛けた「**最小固定資金**」を定めている。この部分は運用だけに用いられる最低限の金額である。

　この金額を下回ることはできないため、たとえ大学の運営上、資金が必要であっても利用できないことになる。まさに資金ショートの状態である。この状態はいかなる状況においても回避しなければならない。大学の運営がこの時点でストップしてしまうからである。それゆえ、資金を長期にわたって運用する場合、運用可能資金が絶えず最小固定資金を上回るように細心の注意を払わなければならない。

　本来の大学運営に利用できる資金は、第2ダムの「**流動性資金**」である。

ここでは「**資金間の移動**」として表現されているが、運用可能資金から「**調整速度**」で定められた資金がそこに流れていく。この流動性資金は自由に使える資金である。

その資金は2つのルートを通じて大学運営のために利用されていく。ひとつは「**帰属化率**」から「**運用収入B**」として大学の帰属収入に流れていくルートであり、日々の日常業務を遂行していくうえで必要な資金として利用されていく。当然ながら、この資金が豊富であるほど充実した教育・研究活動が行えることになろう。

なお、ここでいう運用収入Bは先ほどの運用収入Aと違い、実際に大学の帰属収入として流れていく資金を意味している。具体的には利息・配当金や有価証券の実現益を対象にした運用収入を指している。

それに対して運用収入Aは含み損益を加えた金額を表している。それゆえ、時価で示した運用収入が大きくても、現金化しにくい運用対象ばかりならば、帰属化率は小さくなり大学の帰属収入への貢献度合いは下がることになろう。

もうひとつのルートは「**資金流出**」として校舎や校地などキャンパス整備のために用いられる資金である。**図表3-7**では大学のキャンパス整備が進められていくプロセスが描かれている。「**基本金**」、「**計画資金の繰入比率**」そして「**計画資金の固定金額**」から大学が望む「**計画資金量**」が決定され、その金額が流動性資金から第2のルートとして流出し、「**キャンパス整備**」に流れていく。計画通りに資金が流れていけばキャンパスは順調に整備されていくことになる。

だが、不幸なことに流動性資金が計画資金を満たさない場合も生じるかもしれない。実際の資金流出が流動性資金の枯渇から計画資金に追いつかなくなれば、「**資金不足量**」が発生する。その時、大学の経営計画は頓挫し、キャンパス計画だけでなく、日常の教育・研究活動にも支障をきたし、最悪の場合、破綻にもつながる恐れがある。

図表3-7 キャンパス整備計画の流れ

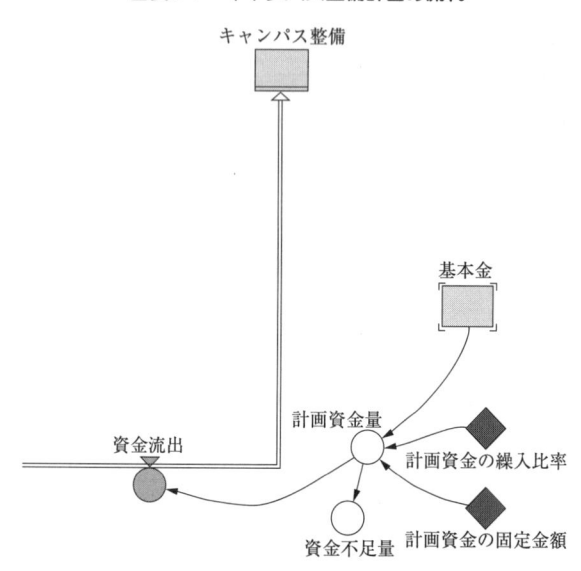

　したがって、資産運用にあたって資金不足の状態が生じないように行動しなければならない。そのためにはモデルでいう資産運用の固定比率や帰属化率、あるいは運用可能資金から流動性資金に向かう資金間の移動を決定づける調整速度にも注意を払わなければならない。

　それでも基本的には高い運用収入を長期にわたって獲得し続ければ、流動性資金は枯渇しない。そのことを踏まえれば運用利回りの大きさは重要であり、高い利回りが実現できれば安定した大学経営が進み、逆に運用利回りが低迷すれば不安定な状態に陥ってしまう。したがって、資産運用の成果は大学経営にとって無視できない存在になる。

　こうして収入と支出の関係、資産運用の流れ、そしてキャンパス整備計画の流れという3つの部門から大学の運営を説明してきた。それらをひとつにまとめると**図表3-8**のようになる。これにより大学はさまざまな要因が関係し合って運営されている様子が資金の流れを追うことで理解できると思わ

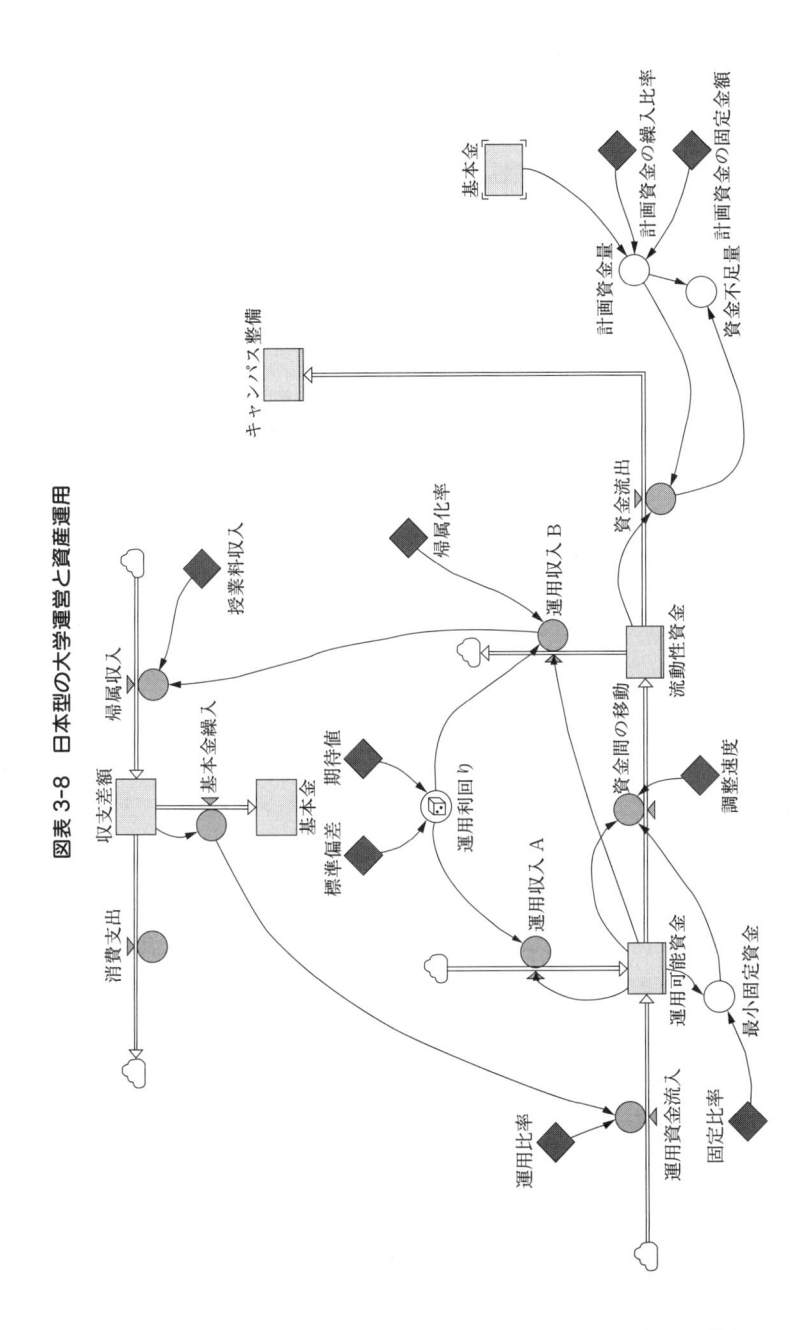

図表 3-8　日本型の大学運営と資産運用

第3章　米国に学ぶ私立大学の正しい資産運用体制　69

れる。

(3) 積極的資産運用の優位性

　このモデルで注目しなければならないのは運用利回りの大きさである。資産運用の成果によって現在の大学経営の安定性だけでなく、将来の発展性にも影響を及ぼす可能性があるからだ。そこで、運用利回りの性格を決定づける期待値と標準偏差からローリスク・ローリターンの資産運用とハイリスク・ハイリターンの資産運用の2種類を取り上げ、大学経営への影響をこのモデルからシミュレーションしていきたい。

　まず、利回りの期待値（μ）も標準偏差（σ）もともに1％の「**ローリスク・ローリターンの資産運用のケース**（$\mu=1\%$、$\sigma=1\%$）」からみていこう。**図表3-9**はその結果を整理したものである。そこには収支差額、基本金、運用可能資金、流動性資金、キャンパス整備、資金不足量の6つの変数の数値が期間ごとに並べられている。シミュレーションの結果をみながら、それぞれの変数の動きを追っていくことにしよう。

　このモデルでは帰属収入の柱である授業料収入が毎期95で、消費支出が毎期100として設定されている。日本の多くの大学は授業料収入で消費支出を十分に賄えるような仕組みを大前提に経営が営まれているので、この設定に違和感を覚える人も多いかもしれない。しかし、競争が激しくなれば授業料収入の伸びはそれほど期待できず、むしろ消費支出のほうが高まるため、近い将来の姿としてむしろ本体の赤字が常態化すると思われる。

　そのため、授業料収入と消費支出の差額を穴埋めするだけの十分な運用収入がなければ大学の最終的な収支は赤字状態となる。だが、ローリスク・ローリターンの資産運用ではリスクを回避する点では優れているが、リターンが低いために、表から確認できるように収支差額の数値は毎期の赤字状態が続いている。それは時価で評価された基本金と運用可能資金の数値を減らすことにつながる。シミュレーションの結果はそのことを示している。

図表 3-9 ローリスク・ローリターンの資産運用のケース（$\mu=1\%$、$\sigma=1\%$）

期間	収支差額	基本金	運用可能資金	流動性資金	キャンパス整備	資金不足量
0	0	1,000	500	100	0	0
1	▲0	1,000	482	108	15	0
2	▲2	1,000	462	116	30	0
3	▲1	998	443	123	45	0
4	▲1	997	425	129	60	0
5	▲5	996	400	138	75	0
6	▲2	990	382	142	90	0
7	▲3	989	363	147	105	0
8	▲5	985	341	152	120	0
9	▲3	980	325	154	135	0
10	▲2	978	312	154	149	0
11	▲2	976	299	153	164	0
12	▲2	974	287	153	179	0
13	▲4	971	272	152	194	0
14	▲4	968	258	152	208	0
15	▲3	964	245	150	223	0
16	▲3	961	233	147	238	0
17	▲4	957	220	144	252	0
18	▲4	953	208	141	267	0
19	▲4	949	196	137	281	0
20	▲4	945	186	132	296	0
21	▲4	941	175	127	310	0
22	▲4	937	165	122	325	0
23	▲3	933	157	115	339	0
24	▲5	930	147	109	353	0
25	▲5	925	137	103	368	0
26	▲4	920	129	95	382	0
27	▲6	916	118	89	396	0
28	▲5	910	109	81	410	0
29	▲6	906	99	74	424	0
30	▲5	900	92	65	438	0
31	▲4	895	87	55	452	0
32	▲5	891	81	45	466	0
33	▲5	887	75	35	480	0
34	▲5	882	68	26	494	0
35	▲5	877	62	16	508	0
36	▲4	872	57	5	522	9
37	▲5	868	52	3	527	11
38	▲4	863	48	2	529	11
39	▲4	859	45	2	532	12
40	▲5	855	41	2	533	11
41	▲5	850	37	2	536	11
42	▲5	845	33	2	538	12
43	▲5	840	29	2	540	12

期間	収支差額	基本金	運用可能資金	流動性資金	キャンパス整備	資金不足量
44	▲5	835	25	1	542	12
45	▲5	831	22	1	543	12
46	▲5	826	19	1	544	12
47	▲5	821	16	1	545	12
48	▲5	816	13	1	546	12
49	▲5	811	10	1	547	12
50	▲5	806	7	0	547	13
51	▲5	801	4	0	548	13
52	▲5	796	1	0	548	13
53	▲5	791	—	0	548	13
54	—	786	—	—	548	—
55	—	—	—	—	—	—
56	—	—	—	—	—	—
57	—	—	—	—	—	—
58	—	—	—	—	—	—
59	—	—	—	—	—	—
60	—	—	—	—	—	—

　一方、流動性資金は初期において運用可能資金から確実に流れてくるので増えているが、ある期間を過ぎると、運用可能資金の動きに伴って減り続けている。それに対してキャンパス整備の数値は確実に増え続けている。それは流動性資金から計画されただけの必要な資金がキャンパス整備に向けて確実に流れていくからである。

　だが、流動性資金が計画資金量を下回るほど減少すれば、資金不足が発生し、キャンパス整備は当初の計画を変更せざるを得なくなる。このシミュレーションでは第36期に資金不足が発生している。それでも流動性資金があるうちは不十分ながらもキャンパス整備の数値は増え続けるが、流動性資金が完全に枯渇したならば、大学経営は行き詰まることになる。ここでは第54期以降がそれに相当し、すべての変数の数値がまったく得られない状態となっている。

　結局、このケースは大学経営の失敗を示している。原因は明らかに安全志向の資産運用姿勢にある。授業料収入と消費支出のギャップに対して運用収入があまりにも低すぎるため収支差額の赤字が続き、最終的にキャンパス整

備をはじめとする大学の運営がストップしてしまったのである。

そこで、次にまったく正反対の「**ハイリスク・ハイリターンの資産運用のケース（$\mu = 5\%$、$\sigma = 10\%$）**」を探ってみることにしよう。**図表3-10**ではそのケースとして運用利回りの期待値（μ）が5％に、標準偏差（σ）が10％に変更した場合のシミュレーションの結果が整理されている。ここでも収支差額をはじめとする6つの変数の数値が期間ごとに並べられている。

先ほどのケースと比較すればわかるように運用利回りの期待値が1％から5％に上昇し、標準偏差は1％から10％にまで上昇している。したがって変動は激しいが、長期的にみれば十分な運用収入が確保できることが予想される。

早速、そのことをシミュレーションの結果から確認してみよう。まず、収支差額からみていくと、このケースでも赤字の期間が存在するが、黒字の期間のほうが多い。これにより基本金は多少の変動を伴いながらも増え続けているのがわかる。

それに対して運用可能資金は上昇傾向を辿りながら、ほぼ元の水準に戻る動きを展開している。そして、流動性資金はそれに応じるように同じ動きをしている。100期までをみる限りでは流動性資金は枯渇していないので、キャンパス整備のための資金は計画通り流れているのがわかる。そのため、資金不足はどの期間においても発生していない。

したがって、ハイリスク・ハイリターンの資産運用を実行すれば、ローリスク・ローリターンの資産運用と異なり、大学運営を当初の計画通りに進めていくことができる。これにより積極的資産運用の優位性が明らかにされたと思われる。

（4）収支差額の変動

確かに高い運用収入が得られるハイリスク・ハイリターンの資産運用は大学の収支を好転させるので好ましい行動といえる。だが、それを実現するに

図表 3-10 ハイリスク・ハイリターンの資産運用のケース
(μ=5%、σ=10%)

期間	収支差額	基本金	運用可能資金	流動性資金	キャンパス整備	資金不足量
0	0	1,000	500	100	0	0
1	30	1,000	542	78	15	0
2	20	1,030	577	68	30	0
3	27	1,050	619	53	45	0
4	30	1,077	669	36	61	0
5	▲28	1,107	600	81	77	0
6	31	1,079	625	62	93	0
7	6	1,110	628	70	108	0
8	▲17	1,116	572	101	125	0
9	21	1,099	584	90	141	0
10	38	1,120	647	64	157	0
11	38	1,158	716	41	173	0
12	40	1,196	784	20	189	0
13	12	1,235	794	30	206	0
14	14	1,247	793	37	224	0
15	23	1,261	811	36	241	0
16	34	1,284	856	25	259	0
17	8	1,318	851	42	277	0
18	▲0	1,325	817	66	295	0
19	15	1,325	811	73	313	0
20	27	1,340	836	69	331	0
21	15	1,366	843	77	350	0
22	15	1,381	844	85	368	0
23	57	1,396	928	51	387	0
24	▲6	1,453	904	84	406	0
25	▲36	1,448	789	146	426	0
26	46	1,412	829	119	445	0
27	▲72	1,458	671	214	464	0
28	▲12	1,385	584	238	484	0
29	▲65	1,373	426	312	503	0
30	2	1,309	384	310	522	0
31	38	1,311	450	270	540	0
32	7	1,349	468	264	558	0
33	4	1,356	463	263	576	0
34	▲28	1,360	393	293	595	0
35	▲12	1,332	344	303	613	0
36	21	1,320	371	278	632	0
37	7	1,341	385	268	650	0
38	27	1,348	431	240	668	0
39	78	1,375	586	162	687	0
40	4	1,452	609	168	705	0
41	3	1,456	594	173	725	0
42	25	1,460	622	157	745	0
43	▲12	1,484	585	180	764	0
44	49	1,472	655	138	784	0
45	52	1,521	758	97	804	0
46	▲18	1,573	717	132	824	0
47	51	1,556	780	95	845	0
48	32	1,607	836	81	865	0
49	28	1,638	871	73	886	0
50	40	1,667	927	55	908	0

期間	収支差額	基本金	運用可能資金	流動性資金	キャンパス整備	資金不足量
51	▲35	1,707	835	115	929	0
52	8	1,671	797	127	951	0
53	▲4	1,679	759	148	973	0
54	33	1,676	792	130	995	0
55	▲37	1,709	701	184	1,017	0
56	▲46	1,672	561	242	1,039	0
57	30	1,626	577	216	1,060	0
58	▲13	1,656	545	235	1,082	0
59	54	1,643	626	185	1,103	0
60	▲12	1,697	604	205	1,125	0
61	22	1,685	618	190	1,147	0
62	▲8	1,707	589	205	1,169	0
63	8	1,699	579	203	1,191	0
64	31	1,707	622	177	1,213	0
65	2	1,738	617	183	1,235	0
66	4	1,740	601	186	1,257	0
67	37	1,744	653	155	1,280	0
68	40	1,780	725	124	1,302	0
69	▲22	1,821	672	158	1,325	0
70	31	1,799	696	136	1,348	0
71	9	1,830	701	138	1,371	0
72	19	1,839	714	130	1,394	0
73	▲62	1,858	569	203	1,418	0
74	▲0	1,796	516	206	1,441	0
75	96	1,795	689	111	1,464	0
76	▲2	1,892	706	123	1,487	0
77	36	1,890	747	97	1,511	0
78	75	1,926	884	35	1,535	0
79	▲36	2,001	811	90	1,559	0
80	13	1,965	785	92	1,584	0
81	▲24	1,978	709	130	1,609	0
82	9	1,954	685	131	1,634	0
83	44	1,963	749	96	1,658	0
84	▲12	2,007	716	120	1,683	0
85	▲12	1,995	657	141	1,708	0
86	▲17	1,983	591	164	1,733	0
87	▲9	1,967	542	176	1,758	0
88	▲6	1,957	506	183	1,782	0
89	52	1,952	589	129	1,807	0
90	▲7	2,004	579	139	1,831	0
91	7	1,997	568	134	1,856	0
92	1	2,004	553	134	1,881	0
93	▲13	2,006	506	148	1,906	0
94	▲5	1,993	473	150	1,932	0
95	14	1,988	482	133	1,956	0
96	27	2,002	526	103	1,981	0
97	3	2,029	526	99	2,006	0
98	▲2	2,032	505	100	2,032	0
99	6	2,030	498	91	2,057	0
100	7	2,036	497	82	2,082	0

は運用収入の大きな変動を犠牲にしなければならない。リスクが低くリターンが高い資産運用は投資家にとって理想であるが、そうした投資対象はまれである。やはり、ハイリターンを目指そうとすればリスクも高くなり、運用収入のブレは激しくならざるを得ない。

そのことはモデルの収支差額に表れている。**図表 3-10** のシミュレーション結果からもわかるように収支差額が黒字になったり、赤字になったりするばかりでなく、変動の幅も大きい。数値を追っていくだけでも把握できるが、**図表 3-11** ではさらに理解を深めるため、その変動を図で描いている。絶えず激しく変動を繰り返しているのが確認できる。

この図を眺めていると、大学経営を展開していくうえでキャンパス整備を計画通りに進めていけば、それでよいと単純に考えるわけにはいかないことがわかる。シミュレーションにみられるような収支差額の変動が発生すれば大学経営そのものが不安定なものになり、いくらキャンパス計画が着実に進んでも、これでは本来の目的である教育・研究活動を円滑に進められなくなってしまう。あくまでも校舎・校地などのキャンパス整備は教育・研究活動を支えるための補完的なものであり、本末転倒の経営を続けるわけにはいか

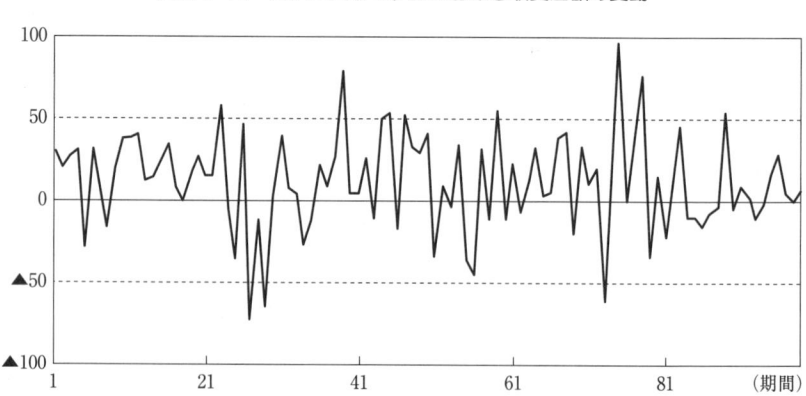

図表 3-11　日本型大学モデルにおける収支差額の変動

ない。

　それではどのような姿勢で資産運用に臨めばいいのであろうか。安全重視のローリスク・ローリターンの資産運用は収支差額が安定化しているが、これでは赤字が継続し、最終的に資金不足が発生する。キャンパス整備が進まないだけでなく、破綻という最悪のパターンに向かってしまう。

　逆にハイリスク・ハイリターンの資産運用に転換すれば、資金不足という事態から解放されるかもしれないが、収支差額の変動から大学経営そのものが不安定な状態に晒される恐れが生じる。それでも大学経営として許されない資金不足の状態を回避できるので、積極的資産運用を取り入れながら改良する方法を探るのが最も望ましい選択であろう。

　そこで、次に米国の大学で行われている資産運用に注目しながら、この方法について調べていきたい。なぜなら、米国の大学では積極的資産運用を展開しながらも安定した帰属収入を確保する体制を構築しているからである。これによりハイリスク・ハイリターンの資産運用と安定経営という相矛盾する取り組みをみごとに達成している。

第3節　米国の大学における資産運用体制

(1) 寄付基金の存在とペイアウト・ルールの適用

　米国では早い段階から資産運用業務を大学の主要な柱として位置付けてきた。いまでは大学予算の中で運用収入は無視できないほど高いウエイトを占めるまでに至っている。しかも主要な大学では資金規模が拡大するだけでなく、運用技術もかなり高度化し、年金基金などと同様に金融資本市場に影響を及ぼす代表的な機関投資家としてみなされている。

　そうした米国の大学は高い運用利回りを目指しながらも、そこから得られた運用収入を安定的に大学本体に流すシステムを構築している。一見して矛盾しているかのように思えるかもしれないが、資産運用部門を大学本体から

切り離すことで、この問題をみごとに解決している。

　その重要な資産運用業務を任されているのが「寄付基金」(Endowment Fund) と呼ばれる部門であり、その資金は外部から流入する寄付金によってほとんどが賄われている。わが国の大学でも寄付金が存在するが、その金額は小さく、米国の大学とは比べものにならない。

　だが、金額の大きさよりも寄付金の扱い方に注目したほうがよいであろう。わが国の大学は寄付金が帰属収入として大学本体にそのまま組み入れられるが、米国では本体から分離した組織である寄付基金に流れていく。そこに蓄積された資金は株式や債券など伝統的な運用のほか、最近ではヘッジファンドのようなリスク性の高い運用も行っている。

　そのため利息・配当金ならびにキャピタルゲインの総計であるトータルリターンの変動はかなり大きくなる。それがそのまま大学本体に運用収入として流れてくれば、収支差額も同じような変動に晒される。これでは大学経営が不安定になる。

　ところが、米国の大学では寄付基金で生み出された運用収入をそのまま大学本体に送り込まず、一旦、内部に留保しておく。その後、一定のルールに従って寄付基金から運用収入として資金を大学本体に流すスタイルを採用している。ペイアウト・ルールの適用である。

　そのルールとは過去数年を対象にした運用可能資産の移動平均値を求め、それに対する一定割合を年度ごとに運用収入として大学本体に送り込んでいく手法である。これならば年度ごとのトータルリターンにかなりの変動があっても、ほぼ一定の運用収入が確保できる。運用収入の変動が小さければ、大学経営も安定的に進めていくことができる。

　こうして米国の大学では寄付基金を設けることで、運用収入の変動リスクを吸収するシステムを構築している。それは運用可能資産にリスクを転嫁する仕組みであるため、その残高が変動するだけである。それゆえ、ストックである運用可能資産がある程度の規模を保っていない限り、このシステムは

機能しづらいであろう。

　例えば、運用環境が悪化した場合、トータルリターンがマイナスになり、寄付基金が抱える運用可能資産は減ってしまう。もちろん、この状態が続けば大学運営は困難な局面に突入する。しかし、時間が経過して運用環境が好転すれば、残高を増やすことにつながり、本来の機能が発揮できる状況に落ち着くであろう。それゆえ、運用可能資産は変動を繰り返しながらも、長期的にみれば枯渇する恐れが少ないのである。

(2) 米国型大学モデル

　次に寄付基金とペイアウト・ルールを組み入れた米国型大学モデルならば、ハイリスク・ハイリターンの資産運用を実行しても大学本体の収支差額が安定化することを確認してみたい。**図表3-12**は先ほどと同様にシステムダイナミックスのソフトであるスタジオ8を用いて描いたものである。モデルの詳細は**付録3-B**で示されている。

　この図で左上に位置する部門は大学本体の収支を示し、先ほどの**図表3-8**で示した日本型大学モデルとまったく同じである。また、キャンパス整備の部門も基本的には同じであり、基本金から計画されただけの資金が流れていく姿を描いている。違っているのは左下の大学基金の部門である。

　ここでは「**寄付金収入**」が「**運用資金流入**」として「**運用可能資金**」に流れ、そこに蓄積された資金が「**期待値**」と「**標準偏差**」から性格づけられた「**運用利回り**」に従って有効に活かされていく。その結果、「**運用収入A**」が発生し、運用可能資金に環流していく。

　わが国の大学でも寄付金は存在するが、このような資産運用を目的とする大学基金は存在しない。あったとしても大学運営上、ほとんど主要な役割を果たしていないのが現状であろう。だが、米国では寄付金で成り立つ大学基金が組織の中で大きな存在感を示している。

　そうした運用収入Aは直接、大学本体に流れていくのではなく、ペイア

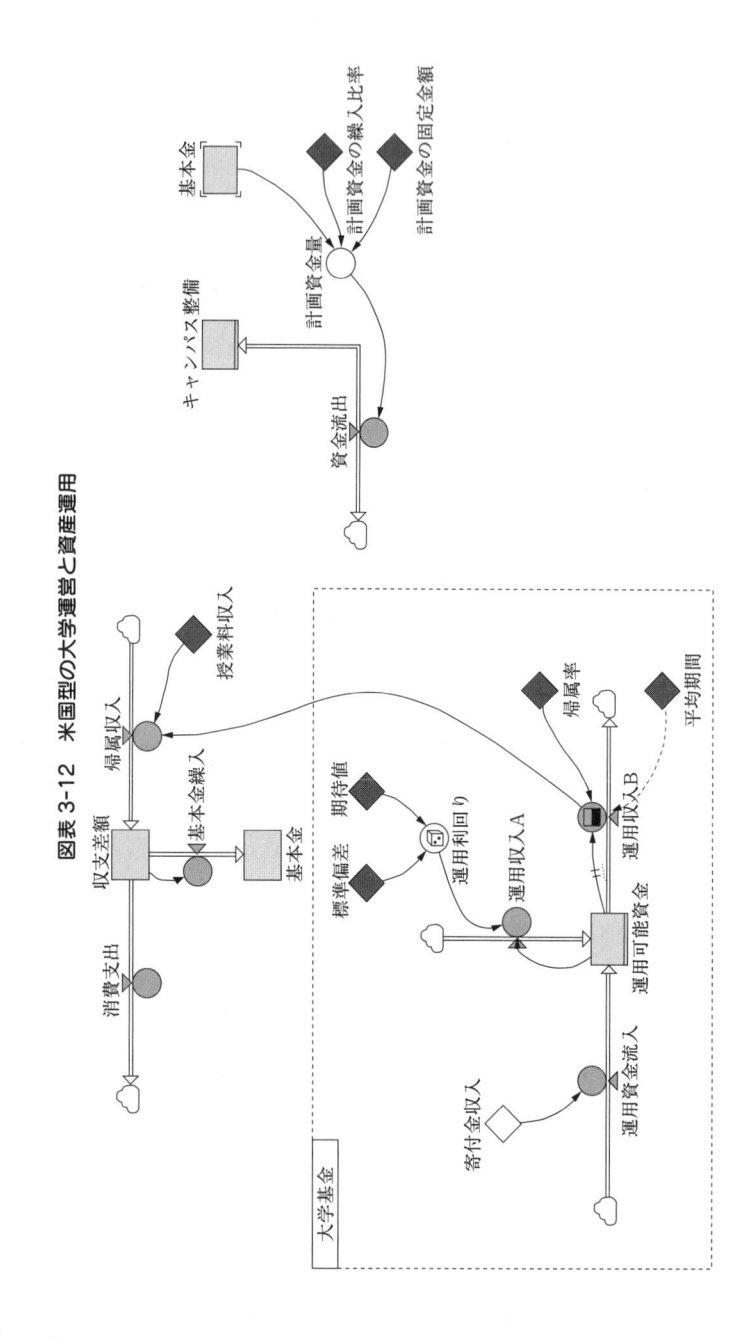

図表 3-12　米国型の大学運営と資産運用

ウト・ルールから過去の「**平均期間**」による運用可能資産の単純平均値に「**帰属率**」を掛けた金額、つまり「**運用収入B**」だけが授業料収入とともに大学本体の帰属収入に組み込まれていく。これにより運用収入Aとは異なり、ハイリスク・ハイリターンの投資姿勢を貫いても安定的な運用収入Bが得られることになる。

こうした米国型大学モデルに従ってシミュレーションした結果が**図表3-13**にまとめられている。ここでは先ほどの日本型大学モデルで扱ったものとまったく同様の条件に従っている。つまり、授業料収入95に対して消費支出100という赤字状況のもとで、運用可能資金が期待値5%・標準偏差10%という運用利回り（$\mu=5\%$、$\sigma=10\%$）から運用収入を得ている。

ただし、日本型大学モデルで存在しなかった変数として「**寄付金収入**」があり、毎期5だけが大学基金に流入している。その資金は蓄積され、運用の対象となる。そのため米国型大学モデルにとって寄付金の存在はかなり大きく、それ以外の条件はほとんど変わらないと解釈してよいだろう。

早速、シミュレーションの結果から収支差額をみると、毎期プラスであるうえ、安定した動きを示している。ペイアウト・ルールに従って運用収入Bが安定した流れを展開するためであり、その変動を和らげる主要な役割を果たしているのがストックの運用可能資金である。運用収入の一部が元本から流出したり、あるいは流入することで、大学本体に向かう金額を安定化させているのである。ここでは運用可能資金が初期値よりも減っているが、これは元本を削って大学本体に流しているためである。

一方、基本金とキャンパス整備はともに増えている。しかも、キャンパス整備の資金は基本金から確実に流れていくので資金不足の状態に陥ることはない。それは安定的で高い運用収入が大学本体に流入しているためである。これにより収支差額の安定性を達成しながら、キャンパス計画も着実に進めることが可能となる。シミュレーションの結果はそのことを示している。

このように大学本体から切り離した組織である寄付基金を設け、ペイアウ

図表 3-13　米国型の大学運営のケース
(μ=5%、σ=10%)

期間	収支差額	基本金	運用可能資金	キャンパス整備
0	0	1,000	500	0
1	25	1,000	545	15
2	25	1,025	570	30
3	26	1,050	608	45
4	26	1,076	651	61
5	28	1,102	578	77
6	29	1,130	618	93
7	30	1,159	609	109
8	31	1,190	555	125
9	32	1,221	573	142
10	31	1,253	626	160
11	30	1,284	679	177
12	31	1,314	733	195
13	32	1,345	732	213
14	33	1,376	734	231
15	35	1,409	750	250
16	37	1,444	786	269
17	39	1,481	770	289
18	40	1,520	739	309
19	40	1,560	735	329
20	40	1,600	752	349
21	40	1,640	747	370
22	40	1,681	742	392
23	40	1,721	811	414
24	40	1,761	770	436
25	40	1,801	677	458
26	41	1,841	724	481
27	40	1,882	566	505
28	40	1,922	515	529
29	38	1,962	372	553
30	34	1,999	350	577
31	29	2,033	399	602
32	25	2,062	396	628
33	21	2,088	389	653
34	19	2,109	331	679
35	18	2,129	302	705
36	17	2,146	330	732
37	17	2,164	335	758
38	16	2,181	374	785
39	15	2,197	502	812
40	15	2,212	502	839
41	17	2,227	499	866
42	20	2,244	529	893
43	22	2,264	495	920
44	24	2,285	563	948
45	25	2,309	636	976
46	26	2,334	589	1,004
47	28	2,360	653	1,032
48	29	2,388	686	1,061
49	30	2,417	710	1,090
50	33	2,447	751	1,119

期間	収支差額	基本金	運用可能資金	キャンパス整備
51	34	2,480	668	1,148
52	36	2,514	653	1,178
53	37	2,550	618	1,208
54	37	2,586	644	1,239
55	36	2,623	556	1,270
56	35	2,659	456	1,301
57	33	2,694	481	1,333
58	30	2,726	438	1,364
59	28	2,756	504	1,397
60	26	2,784	467	1,429
61	24	2,810	484	1,462
62	23	2,835	457	1,495
63	23	2,858	454	1,529
64	23	2,881	487	1,562
65	23	2,904	474	1,596
66	23	2,928	464	1,630
67	23	2,951	505	1,664
68	23	2,974	552	1,699
69	24	2,997	503	1,734
70	25	3,021	533	1,769
71	25	3,046	529	1,804
72	26	3,071	539	1,839
73	26	3,096	426	1,875
74	27	3,123	406	1,911
75	25	3,150	540	1,947
76	24	3,175	521	1,984
77	24	3,199	558	2,020
78	24	3,224	652	2,057
79	24	3,248	583	2,095
80	27	3,272	582	2,132
81	29	3,299	524	2,170
82	30	3,329	515	2,208
83	30	3,358	558	2,246
84	29	3,388	519	2,285
85	28	3,417	482	2,324
86	27	3,446	437	2,363
87	26	3,473	405	2,402
88	25	3,499	378	2,442
89	24	3,524	440	2,482
90	22	3,548	416	2,522
91	21	3,570	413	2,563
92	20	3,590	402	2,603
93	20	3,610	371	2,644
94	20	3,630	352	2,685
95	19	3,649	361	2,727
96	18	3,669	390	2,768
97	18	3,687	384	2,810
98	17	3,705	371	2,852
99	17	3,723	370	2,894
100	17	3,740	370	2,936

ト・ルールを実践することで、ハイリスク・ハイリターンの資産運用に取り組みながらも安定的な運用収入が得られるという、まさに理想的な経営が展開できる。もし、この体制が存在しなければ、経営そのものが不安定な状態に陥ってしまう。

　もちろん、経営の安定性を求めてローリスク・ローリターンの運用姿勢を貫く手法も考えられるかもしれない。だが、慎重な運用姿勢を貫けば、長期的には収益の悪化に苦しみ、逆に大学経営を不安定なものにする。そのことは先ほど確認したばかりである。

　わが国の大学は米国のような寄付基金もなければペイアウト・ルールといった発想もないので、極端に慎重な投資姿勢から資産運用にほとんど期待しないか、あるいは積極的な投資姿勢からリスキーな行動に走るという、両極端な経営しか選択できないことになる。

　そのことを考えれば、日本の大学は米国の大学による資産運用体制について早急に検討する必要があろう。

(3) 資金の性格と投資姿勢

　いままで説明してきたように米国では寄付金が大学基金に流入し蓄積され、その資金が投資に向かい、運用収入を生み出している。その場合、中長期の運用が中心となる。なぜなら、短期的には変動が激しい投資対象でも、中長期で運用すれば高い収入が得られる可能性が高まるからである。

　その一方で授業料収入など寄付金以外の収入は日々の運営資金として支出される。だが、すぐに使われるわけではないので、一時的に資金があまるため、これも資産運用の対象になる。その資金は年度内で経常費用として確実に使われるので、中長期で運用するわけにはいかない。それゆえ、財務省短期証券など短期の投資商品しか運用の対象にならないであろう。

　こうしてみていくと、米国の大学では2種類の運用資金が存在する。ひとつは大学基金が抱える運用資金であり、中長期の性格を有しているため、ハ

イリスク・ハイリターンの運用に適している。もうひとつは大学の運営で一時的に生じた資金であり、短期の性格から安全確実なローリスク・ローリターンの運用になる。

　日本の大学でも積極的な資産運用が行われるようになったが、米国の大学を眺めると、反省すべき点が浮き彫りになる。それは資金の性格と投資姿勢の関係である。

　わが国では米国のような使途自由な寄付金を運用する大学基金がほとんど存在しない。運用の対象は基本的に大学業務を遂行していくうえで一時的に発生した資金に過ぎない。それゆえ、本来ならば余資運用なので流動性を重視し、そのうえでできる限りリスクを抑えた姿勢で臨まなければならない。

　ところが、運用に失敗した大学をみると、高いリターンを目指すあまり、短期資金にもかかわらずリスクの高い投資に向かっている。これは完全に誤った運用姿勢といえる。もしハイリスク・ハイリターンの運用を目指すならば、米国の大学と同様に使途自由な寄付金を積極的に募らなければならない。それができなければ、リスクを負った資産運用は差し控えたほうがいいであろう。

第4節　寄付金が大学本体に及ぼす影響

　運用利回りが実態を正確に表さない限り、運用成果はわからないままの状態になる。本章では通常の総合利回りに含み損益を加えて計算し直し、その要求に応えようとした。その結果、実際の運用利回りはリーマンショックの前後をみる限り、変動がかなり激しいことがわかった。

　これによりわが国の大学は資産運用に対してもっと慎重でなければならないと感じた人も多かったと思われる。だが、もともと運用に適さない短期資金をハイリスクな運用に向かわせたこと自体に無理がある。本来ならば安全重視の運用しか実行できないはずである。それを長期資金しか適応できない

タイプの運用に向かったところに矛盾がある。

　ハイリスク・ハイリターンの運用は必ずしも否定されるわけではない。特に経営環境が厳しさを増す状況のもとではむしろ必要であろう。シミュレーションでも明示したように高いリスクを抱えながらも高いリターンが期待できる運用を続ければ、最終的に運用収入は増大し、経営にとってプラスに働く。

　もちろん、その間の変動は大きい。なかでも大学の運営で必要な短期資金が長期運用に用いられていると、たまたま生じた強制的な現金化からリターンそのものを急激に低下させ、収益率のブレをかなり大きくする。しかし、ゆとりある資金が長期にわたって運用されれば、大学の期待に応えた成果が得られるであろう。

　米国の大学は運用資金の性格と投資姿勢の関係を熟知しているので、本体と切り離した組織である大学基金を設け、大量に流入した寄付金を長期投資に振り向けている。これにより高いリターンを獲得しながら、同時にペイアウト・ルールに従って大学本体に安定的な運用収入を生み出している。

　こうした大学の資産運用は欧米で古くから行われている。例えば、イギリスの経済学者であるジョン・メイナード・ケインズ（John Maynard Keynes、1883〜1946年）は母校の資産運用に従事したことでも有名である。特に私立大学は独自の資金で運営費を賄わなければならないため、資産運用は昔から無視できない業務となっている。

　わが国の大学は少子化現象を背景にしながら、徐々に財政状況に余裕がみられなくなりつつある。かつてのように授業料値上げや国からの補助金の増額で切り抜けるわけにはいかない。近い将来の大学経営を憂えるならば、資産運用体制について抜本的に考えていかなければならないであろう。

　ハーバード大学やイェール大学など米国の主要大学は教育・研究だけでなく、資産運用でも最先端を走っている。資金規模や運用体制ばかりでなく、運用の中身もわが国の大学とは比較にならないほど革新的である。日本の大

学がいままで以上に発展していくには運用業務は必要不可欠である。

　そのためには米国の大学基金についてもっと学ぶ必要があろう。調べていくにつれて運用体制や投資手法といったテクニカルな側面だけでなく、大学本体の運営のあり方も根本的に変えていかなければならないことに気づかされる。

　大学基金の運用原資は寄付金であり、この資金が絶えず流入しない限り、大学の運営も行き詰まってしまう。その寄付金を得るには社会のニーズに応じた教育・研究でなければならない。大学のカリキュラムや研究課題も絶えず社会のニーズに応じて変えていかなければ、寄付金も集まらない。それゆえ、運用業務は単に収入を生み出すだけのものではなく、寄付金の獲得を通じて大学本体を絶えず活性化させる動力源にもなっている。

　わが国の大学では寄付金の存在はそれほど大きくなく、まして寄付金に基づいた資産運用という発想も乏しい。また、大学運営は学生からの授業料に全面的に依存しているのも現状である。その一方で、残念ながら大学の授業や研究について社会からそれほど高い評価を得ていないのも事実である。

　それはアカデミズムという言葉を唱えながら社会から隔離した世界に留まる傾向が強いからである。だが、米国のような運用体制が確立していれば、こうした問題はすぐに解消される。なぜなら、社会の動きに敏感に反応しなければ、その大学はいずれ財政的に行き詰まり、破綻に結びついてしまうからだ。

　このことに留意すれば、運用システムだけでなく、寄付金を通じた教育・研究システム全体への影響についても強い関心を示す必要がある。そうでなければ、資産運用の巧拙を比較するだけで終わり、大学経営の本質を見誤る恐れがある。

付録3-A　日本型の大学運営と資産運用

名前	単位	定義
【1】大学の運営		
□　収支差額	JPY	0《JPY》
□　基本金	JPY	1000《JPY》
▷　帰属収入	JPY／period	授業料収入＋運用収入B
▷　消費支出	JPY／period	100《JPY／period》
▷　基本金繰入	JPY／period	収支差額／TIMESTEP
◆　授業料収入	JPY／period	95《JPY／period》
【2】大学の資産運用		
□　運用可能資金	JPY	500《JPY》
□　流動性資金	JPY	100《JPY》
▷　運用資金流入	JPY／period	基本金繰入＊運用比率
▷　資金間の移動	JPY／period	IF（運用可能資金／TIMESTEP＞最小固定資金、運用可能資金／調整速度、0《JPY／period》）
▷　運用収入A	JPY／period	運用可能資金／TIMESTEP＊運用利回り
▷　運用収入B	JPY／period	運用可能資金／TIMESTEP＊運用利回り＊帰属化率
○　最小固定資金	JPY／period	運用可能資金／TIMESTEP＊固定比率
○　運用利回り	％	NORMAL（期待値、標準偏差、0.5）
◆　期待値	％	1《％》or 5《％》
◆　標準偏差	％	1《％》or 10《％》
◆　運用比率		0.5
◆　固定比率		0.5
◆　調整速度	period	18《period》
◆　帰属化率	％	50《％》
【3】大学のキャンパス整備		
□　キャンパス整備	JPY	0《JPY》
▷　資金流出	JPY／period	IF（計画資金量＜流動性資金／TIMESTEP、計画資金量、流動性資金／TIMESTEP）
○　計画資金量	JPY／period	基本金／TIMESTEP＊計画資金の繰入比率＋計画資金の固定金額
○　資金不足量	JPY	MAX（0《JPY》、（計画資金量－資金流出）＊1《period》）
◆　計画資金の固定金額	JPY／period	5《JPY／period》
◆　計画資金の繰入比率	％	1《％》

付録 3-B　米国型の大学運営と資産運用

	名前	単位	定義
【1】	大学の運営		
□	収支差額	JPY	0《JPY》
□	基本金	JPY	1000《JPY》
⇨	帰属収入	JPY／period	授業料収入＋運用収入B
⇨	消費支出	JPY／period	100《JPY／period》
⇨	基本金繰入	JPY／period	収支差額／TIMESTEP
◆	授業料収入	JPY／period	95《JPY／period》
【2】	大学基金		
□	運用可能資金	JPY	500《JPY》
⇨	運用資金流入	JPY／period	寄付金収入
⇨	運用収入A	JPY／period	運用可能資金／TIMESTEP＊運用利回り
⇨	運用収入B	JPY／period	SLIDINGAVERAGE（運用可能資金／TIMESTEP、平均期間）＊帰属率
○	運用利回り	％	NORMAL（期待値、標準偏差、0.5）
◆	期待値	％	5《％》
◆	標準偏差	％	10《％》
◆	寄付金収入	JPY／period	5《JPY／period》
◆	帰属率	％	6《％》
◆	平均期間	period	5《period》
【3】	大学のキャンパス整備		
□	キャンパス整備	JPY	0《JPY》
⇨	資金流出	JPY／period	計画資金量
○	計画資金量	JPY／period	基本金／TIMESTEP＊計画資金の繰入比率＋計画資金の固定金額
◆	計画資金の固定金額	JPY／period	5《JPY／period》
◆	計画資金の繰入比率	％	1《％》

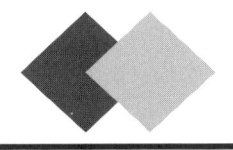

第4章

日米大学間の収入構造と資産運用

第1節　大学の資産運用と寄付金の存在

(1) 巨額損失を抱えた私立大学

　わが国の私立大学にとって最大の収入源は学生側から徴収する納付金である。具体的にいえば、入学金そして授業料収入が大学経営を全面的に支えている。そのため、18歳人口の減少から定員を満たせない私立大学は教育・研究活動を維持するだけの収入が確保できないことから、経営破綻に向かっていかざるを得ない。

　それを阻止するには収入を補完する何らかの手段を用いなければならない。その有力な手段として最近、注目を集めているのが資産運用である。大学が保有する資金を積極的に運用し、そこから得られた利息・配当金などを投資収入として計上するのである。これにより定員割れの収入不足をある程度、補うことができる。

　確かに収入不足に苦しむ私立大学にとって資産運用は経営を安定化に導く有力な手段のように映る。だが、実際は定員割れとはまったく無縁な大規模な私立大学のほうが資産運用に力を入れている。経営に不安を抱える小規模な私立大学は余剰資金を安全確実な国債などに振り向ける程度である。それに対して大規模な私立大学は株式や外債のほかデリバティブなどリスキーな資産運用を展開している。

　こうした現実をしっかりと観察すれば、資産運用は経営に苦しむ大学が一

時的な救済手段として利用しているわけではないのがわかる。むしろ、健全な大学が将来に向けていままで以上に発展していくための必要な手段として位置付けられる。日本を代表する主要私立大学はそのことを十分に認識しているのであろう。だからこそ、積極的な資産運用に向かっていったものと思われる。

　ところが、第2章でも触れたように2008年9月にリーマンショックが起きると、資産運用に力を入れていた一部の大学が突如として巨額損失を生み出してしまった。当時、大学によるハイリスクな資産運用を知っていた人は少なかったため、このことは社会的にショッキングな出来事でもあった。

　世間では大学は資産運用とまったく無縁な存在としてみられていたので、まして株式投資など損失を発生する恐れのある危険な運用は教育・研究活動を担う大学にとって相応しくない行為と考えられていた。それゆえ、新聞や週刊誌などのマスコミは徹底的に大学の資産運用について批判した。また、監督機関である文部科学省も同様で、リスクの高い資産運用を抑えるように注意を喚起した。

　その結果、リーマンショック以降、私立大学の中には資産運用に対して慎重姿勢に転じるところもみられるようになった。だが、本格的な少子化時代を迎え、厳しい経営環境に立たされているうえ、また閉塞状況に陥った日本経済を活性化させるためにもわが国の大学はいつまでも過去と同じ体制を続けていくわけにはいかない。

　そのことを予感したからこそ、私立大学の一部が財政的に余裕があるにもかかわらず、高い運用収益を求めて積極的な資産運用を行ったものと解釈できる。

(2) 米国から学ぶべき大学経営の手法

　学生納付金に全面的に依存した構造を転換しなければ、いずれ大学が収入面で将来的に行き詰まるのは目にみえている。しかも知の創造を目指す大学

にとって財政不安から学問的な刺激が薄れていく恐れもある。そのために基礎的研究が停滞すれば日本そのものも衰退するであろう。

　負の連鎖を阻止するには絶えず時代の変化をいち早く感じ取り、大学が迅速に対応するための運営体制が必要である。その刺激を与えてくれるのが寄付金である。社会のあらゆる分野からもたらされる寄付金は、人々が必要とする教育・研究に明確な形で成果を出さない限り、大学に流れていかない。現実から懸け離れた独りよがりの活動を続けていれば社会に何も貢献したことにはならず、資金は集まらないであろう。

　寄付金は大学が社会的ニーズに応じた教育・研究活動を実践しているか否かを映し出すバロメータでもある。いうまでもなく、大学に供与された寄付金は本来の教育・研究活動に利用され、大学をさらに発展させる。まさに正のスパイラルを描くことにもなる。

　その一方で、寄付金の重要性を認めながらも大学予算の柱にするのも難しい。年度によっては多額の寄付金が集まるかもしれないが、予想に反してわずかな寄付金しか集まらない年度もあろう。その問題を克服するには獲得した寄付金をすぐに使わずに、一時的に蓄える必要がある。そして、蓄積した資金を運用することで運用収益が予算に組み込まれていく。これならば安定した資金がいつまでも大学に流れていく。

　こうしてみていくとわかるように大学の資産運用は寄付金が投資元本となって初めて成立する。社会のさまざまな人々から集められた寄付金が効率的に運用され、そこから生み出された運用収益が充実した教育・研究活動を支える仕組みとなる。

　ところが、わが国の大学では資産運用の重要性を徐々に認識しながらも、肝心要の運用資金は寄付金のような余裕資金ではない。それはもともと校舎建設など明確な目的が定まった資金で、使用するまでに一時的に生じた資金に過ぎない。これではリスクを伴った運用はできず、高利回りが期待できないうえ、無理な運用から失敗すれば大学経営そのものを大きく揺さぶること

にもなる。

　それに対して世界をリードする米国の主要大学は寄付金の獲得だけでなく、資産運用の重要性についても十分に知り尽くしている。その結果、多方面から集められた寄付金の大きさ、そして資産運用業務を専門に任された大学基金の存在など、わが国とはまったく違っている。

　日本の大学はいつまでも過去の経営体質を引きずっていくわけにはいかない。米国の大学経営を参考にしながら、大きく発展しなければならない。そのことは大学だけでなく、日本の発展にもつながっていく。

　そこで、本章では米国ならびに日本の主要大学を例に挙げながら、日米における大学の収入構造ならびに資産運用の違いを明らかにしていきたい。これによりわが国の私立大学がこれから歩んでいく方向性がある程度、摑めるのではないだろうか。少なくとも資産運用については資金の性格そして運用手法など、反省しなければならない点が多いことに気づかされると思われる。

第2節　日本の私立大学における収入構造と資産運用

(1) 私立大学の収入構造

　まず、わが国の私立大学からみていこう。図表4-1はそのために作成されたものである。日本の主要私立大学として早稲田大学、立命館大学、明治大学、関西大学、中央大学の5校を取り上げ、2010年度の大学収入と内訳が示されている。

　ここでは、5校の帰属収入と4種類の内訳（投資収入・学生納付金・補助金・その他）が記されている。5校ともわが国で規模の大きな大学として知られているが、それでも収入だけをみると、格差が感じられる。例えば、中央大学の帰属収入は早稲田大学の半分以下であったりする。

　だが、帰属収入を生み出す4種類の構成要素の内訳をみる限り、どの大学もそれほど大きな違いはみられない。このうち、資産運用から得られた投資

図表4-1 日本の主要私立大学の収入と内訳

2010年度	帰属収入	投資収入	割合	学生納付金	割合	補助金	割合	その他	割合
早稲田大学	97,968	1,765	1.8%	68,262	69.7%	14,115	14.4%	13,826	14.1%
立命館大学	76,374	1,015	1.3%	60,368	79.0%	9,085	11.9%	5,906	7.7%
明治大学	51,400	770	1.5%	42,032	81.8%	4,864	9.5%	3,734	7.3%
関西大学	46,516	▲794	▲1.7%	38,985	83.8%	4,657	10.0%	3,668	7.9%
中央大学	43,826	▲1,600	▲3.7%	34,937	79.7%	4,409	10.1%	6,080	13.9%
5校の平均	63,217	231	0.4%	48,917	77.4%	7,426	11.7%	6,643	10.5%

(注1) 単位：百万円、%
(注2) 資料：『大学四季報2010年版』(東洋経済新報社) より作成。図表4-2も同様。

収入に目を向けると、どの大学もかなり低迷している。

運用成果がプラスの大学でも収入の1%台である。それでもよいほうで、運用に失敗し、マイナスの投資収入に陥っている大学もみられる。この姿をみる限り、資産運用は共通して大学収入を支えるまでに至っていないといえる。

それに対して学生納付金は大学収入で圧倒的な割合を占めている。全体のほぼ80%前後である。これにより学生側から受け取る入学金や授業料が大学の運営を全面的に支えている実態がわかる。しばしば定員割れの大学がマスコミなどで話題になるが、それは大学の運営をいずれ行き詰まらせることになる。なぜなら、日本の大学はそのほとんどが定員分の学生納付金で運営を賄うような財務構造を持っているからである。

また、定員割れにまで至らないにしても、学生納付金に全面的に依存した大学経営は非効率的な組織を生み出しやすい。例えば、入学者の質が低下しているにもかかわらず、大胆な改革に取り組もうとしない大学がみられる。それは定員を毎年、確実に確保できているからであろう。

一方で、学生納付金に依存した構造は経営を安定化させる効果があるので、好ましいシステムと考える人も多い。だが、それは大学が追求すべき教育と研究の向上という本来の目標を見失わせる危険を併せ持っていることも十分

に認識すべきである。

　次に補助金をみると、これも各大学とも収入に占める割合はほぼ同じで、10％前後である。ここでいう補助金とは国から与えられた私学助成金である。国立大学法人の場合は運営費交付金と呼ばれている。

　いうまでもなく、国立大学法人の収入に占める補助金の割合は私立大学よりも高い。だが、過去の国立大学時代とは違い、圧倒的な割合を占めているわけではない。50％を切っているのが今日の国立大学法人の姿である。

　国立大学法人といえば、昔のイメージから補助金が収入のほとんどを占めているように思われがちだが、実際は違っている。私立大学と比較すると、その割合の比は私立大学：国立大学法人＝10％：50％となり、過去に比べれば両者の差はかなり縮まっている。

　それよりもここで注目しなければならないのは補助金の割合が5校ともほぼ同じような数値を示していることにある。そうした現象が生じるのは補助金が大学の規模に応じて分配されているためである。具体的には大学が抱える学生数や教職員数に従って資金配分が決定されている。それゆえ、大学収入に対する補助金の割合はどの大学も同じような数値が出てくる。

　このシステムも大学経営にとって安定化をもたらす仕組みといえるかもしれない。毎年度、一定割合の収入が確保できるので、ブレのない大学運営が展開できるからである。だが、経営努力をしなくても規模を拡大するだけで、補助金も増えるため、効率性という点で必ずしも好ましい仕組みとはいえない。

　そのため、最近では競争原理を導入し、一律の配分方式を改め、グローバル化や地域貢献度に応じて決定する方式が模索されている。これならば具体的な目標に向かって迅速に動いていかなければならないので、効率的な大学運営ができるであろう。

　もちろん、競争に敗れた大学は補助金が確保できず、経営は不安定になり、最悪の場合、淘汰されてしまう。それゆえ、補助金配分システムの変更は大

学にとって経営そのものを大きく揺さぶる要因でもある。

　帰属収入を構成する4つ目の要因は、その他という項目で括っている。それをみると、各大学ともそれほど差がなく、しかも大きな割合を占めていない。したがって、この要因はそれほど注目する必要はないであろう。

　このようにしてわが国の私立大学は収入のほとんどを学生納付金で賄っている。それに補助金が加わるが、その割合は10％ほどで、あまり大きくない。ましてや投資収入になると、安定した収入が得られる保証がないばかりか、収入に占める割合もごくわずかである。

　このことを確認するため、それぞれの構成要素の割合を5校の平均値から求めると、次のようになる。

　　投資収入　：　学生納付金　：　補助金　：　その他
　＝　0.4％　：　77.4％　：　11.7％　：　10.5％

　わが国には多くの私立大学が存在する。そのうち5校だけを任意に選択し、その平均値をみることでわが国の私立大学の収入構造を一方的に決めつけるのはもちろん無理がある。しかし、実際に規模の大きな大学を新たに取り上げても、ほぼ同じような構造を有していることが確認できる。それゆえ、この関係式は十分に参考になろう。

(2) 私立大学の資産運用

　すでに私立大学の収入構造から確認したように投資収入の割合はごくわずかで、しかも不安定であった。そこで、今度はこの異質な存在である投資収入について注目していきたい。**図表4-2**は同じ5校を対象にしながら、各大学の資産運用の実態を表したものである。

　最初に各大学が資産運用に回せる投資可能額が「大学四季報」から示されている。大学の資産運用に関わる情報がマスコミなどでしばしば流れるが、

図表 4-2　日本の主要私立大学の資産運用

2010年度	投資可能額	前年度	運用損益	資産運用収入	資産売却差額	資産処分差額	運用利回り
立命館大学	88,820	102,353	1,015	1,523	0	508	1.0%
関西大学	65,032	62,163	▲794	491	0	1,285	▲1.2%
早稲田大学	63,363	61,133	1,765	2,615	966	1,816	2.9%
明治大学	57,701	55,063	770	1,056	0	286	1.4%
中央大学	47,348	49,536	▲1,600	853	0	2,453	▲3.2%
5校の平均	64,453	66,050	231	1,308	193	1,270	0.4%

（注）単位：百万円、%

実際は正確な運用額は発表されていない。あくまでも推測に過ぎない。ここでも同様で、運用に利用できる最大限の資金額を推測しているに過ぎない。

これをみると、運用規模が収入規模に必ずしも一致していないのに違和感を覚えるかもしれない。例えば、早稲田大学は帰属収入で立命館大学よりも大きいが、投資可能額では逆転されている。しかし、多くの大学を対象にすれば、投資可能額と帰属収入の関係はほぼ比例し、規模が大きい大学ほど運用資金も大きくなる傾向にある。

大学は運用資金を債券や株式といった有価証券に振り向けることで、利息・配当金を確保している。その金額が資産運用収入である。もちろん、マイナスになることはない。その一方で、有価証券を売却することで利益を得たり、逆に損失を発生させている。資産売却差額は利益を得た金額であり、資産処分差額は損失の金額を意味している。

そのため、利息・配当金と売却損益を加えたものが運用損益として計算される。つまり、資産運用収入に資産売却差額を加え、そこから資産処分差額を差し引くことで、最終的な運用成果である運用損益が得られる。各大学ともこの金額がプラスの大きな数字になるように目指すが、時には不幸なことに資産処分差額が大きいために、マイナスになるケースも生じる。

ここで取り上げた5校のうち、2校が運用損益がマイナスである。日経平均株価が下落したり、あるいは円高が生じたために、国内外の有価証券が大

幅に下落し、資産処分差額が膨らんだものと考えられる。

　こうして生み出された運用損益を元本の投資可能額で割ることから、運用利回りが得られる。5校の運用利回りをみると、▲3.2%から2.9%までの範囲に散らばり、最大と最小の差は6%ほどもある。これにより株価や外国為替の変動をもろに受け、運用成果に格差が生じているのがわかる。

　5校の平均運用利回りを求めると、プラスであるが、かなり低く、たった0.4%である。先ほども確認したように大学収入に占める投資収入はごくわずかであったが、それは基本的に運用利回りそのものが低すぎるためである。もちろん、元本の運用可能資金が大きければ投資収入も大きくなるが、運用利回りが低迷する限り、難しいであろう。

　ここでの運用利回りは大学の消費収支計算書のデータから計算したものである。利息・配当金のほかに資産売却差額や資産処分差額も考慮しているので、従来のインカムゲインによる直接利回りよりも大学の運用成果を正確に表している。

　だが、これだけでは不十分である。なぜなら、第3章でも指摘したように含み損益も加味しなければ、正しい運用成果が得られたとはいえないからである。残念ながら、すべての大学からこの数値が得られないため、ここでは無視している。本来ならば、含み損益も加えたうえで運用利回りを求めなければ、時価評価による正しい運用成果を表したことにはならないであろう。

第3節　米国の大学における収入構造と資産運用

(1) 米国の大学の収入構造

　今度は米国の主要私立大学に目を向けよう。やはり、日本の私立大学で扱ったように規模の大きな私立大学を5校だけ取り上げながら、特徴を捉えていきたい。その5校とはハーバード大学（マサチューセッツ州）、イェール大学（コネティカット州）、スタンフォード大学（カリフォルニア州）、ノースウエスタ

ン大学（イリノイ州）、デューク大学（ノースカロライナ州）である。どの大学も全米を代表する、あるいは世界を代表する主要な私立大学である。

図表 4-3 は先ほどと同様に、2011 年度の大学収入とその内訳を整理したものである。まず、大学収入からみていくと、5 校の間で格差がみられるが、どの大学も全米の中でかなり上位を占めるほど大きい。

その内訳をみると真っ先に目につくのが、投資収入である。米国では寄付金から成り立つ大学基金を外部に設け、そこから得られた運用収益を大学本体に流している。ここで取り上げた 5 校をみると、大学収入に占める投資収入の割合は 20％前後の大学もあれば、30％台の大学もある。どの大学もわが国とは比較にならないほど大きい。

特にハーバード大学やイェール大学の資産運用は世界的に有名であり、優れた運用体制がさまざまな領域で紹介されているので驚かないかもしれない。だが、ほかの 3 つの大学も同じように投資収入に依存した経営を展開している。それゆえ、米国の大学では資産運用が一般的に根づいている様子が理解できると思われる。

また、学生納付金の占める割合も日本の大学とはまったく違っている。わが国の場合はその割合が 80％に近い数値であったが、米国の 5 校の平均をみると、10％台である。米国の大学では投資収入のほうが大きく、学生納付金にそれほど大きなウエイトを置かない構造を持っている。

図表 4-3　米国の主要私立大学の収入と内訳

2011 年度	収入	投資収入	割合	学生納付金	割合	補助金	割合	その他	割合
ハーバード大学	3,777,746	1,192,030	31.6%	740,573	19.6%	851,827	22.5%	993,316	26.3%
スタンフォード大学	3,766,837	785,081	20.8%	457,844	12.2%	1,247,367	33.1%	1,276,545	33.9%
イェール大学	2,734,218	986,823	36.1%	242,896	8.9%	683,961	25.0%	820,538	30.0%
デューク大学	2,340,279	428,363	18.3%	354,192	15.1%	612,450	26.2%	945,274	40.4%
ノースウエスタン大学	1,791,421	341,911	19.1%	493,389	27.5%	484,503	27.0%	471,618	26.3%
5 校の平均	2,882,100	746,842	25.9%	457,779	15.9%	776,022	26.9%	901,458	31.3%

(注1) 単位：千ドル、％
(注2) 資料：各大学のホームページより作成。図表 4-4 以降も同様。

このことからわが国のように学生納付金の不足分を補うように投資収入が存在していると解釈するよりも、むしろ反対に投資収入の不足を学生納付金が補うといった解釈のほうが自然かもしれない。いずれにせよ、米国の大学ではわれわれが考えているような学生納付金に全面的に依存した経営を展開していないことは確かなようである。

　さらに日本の大学と異なるのは補助金の割合である。日本の5校では補助金の割合が10％前後であったが、米国の5校では20％台である。なかにはスタンフォード大学のように30％台の大学もあり、収入の中で補助金が最も大きな割合を占めている。

　しかも、補助金の性格もわが国とまったく違っている。日本では大学規模に応じて補助金が決定づけられているが、米国では競争原理から補助金が与えられている。優れた研究成果をもたらすと期待されれば多くの補助金が得られるが、そうでなければ与えられない。日本のように大学規模によって補助金の大きさが決定されることはない。

　ただ、大学規模と獲得する補助金の大きさは比例する傾向があるので、結果的には米国も日本と同じようにみえるかもしれない。だが、それは研究成果と大学規模が比例するからであって、日本の大学のように最初から決まっているわけではない。あくまでも米国の大学における補助金獲得は競争原理が働いた結果に過ぎない。

　また、米国の大学は大学本体に直接向かう寄付金のほかに施設の利用収入や出版の売上など、さまざまな収入を獲得している。それゆえ、その他の割合も日本の大学に比べると大きい。このことも日米における大学収入の相違点として指摘できる。

　こうして大学収入を支える要因を4つにわけてみてきたが、構成要素の割合を5校の平均値から求めると、次のようになる。

投資収入　：　学生納付金　：　補助金　：　その他
　＝　25.9%　：　　15.9%　　：　26.9%　：　31.3%

　図表 4-4 は先ほど示した日本の 5 校と米国の 5 校に基づきながら、構成要素の平均値を図で比較したものである。すでに数値で確認しているが、新たに棒グラフで示すことから日米大学間の収入構造の相違がはっきりと浮かび上がってくる。
　この図をみるとわかるように米国の大学では収入をいくつかの要因に分散させながら確保しているが、わが国の大学は学生納付金にほぼ全面的に依存している。日本の大学は入学した学生にかなり甘く、退学者をできるだけ出さないかのように批判されることが多い。それに対して米国の大学は学生に対して厳しく指導し、勉強しない学生は大学から排除する傾向が強い。
　こうした違いは日米大学間の収入構造の違いから説明できるのではないだろうか。日本の大学は学生納付金に全面的に依存しているため、大量の退学者が発生すれば大学運営そのものが難しくなる。そう考えれば、学生に対して指導が甘くならざるを得ない。

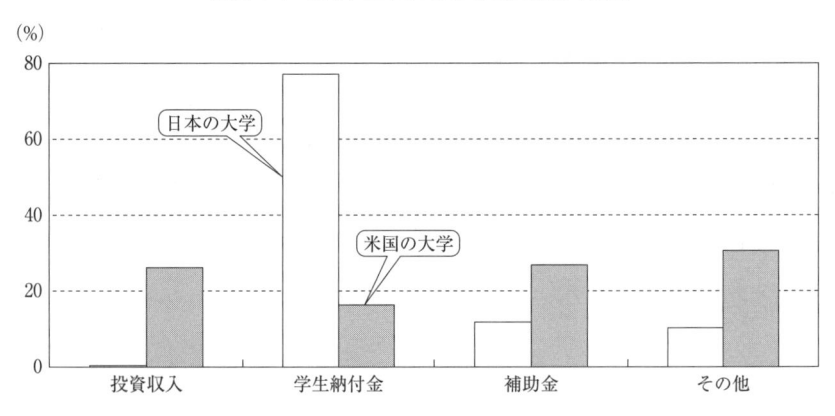

図表 4-4　日米大学間における収入構造の比較

だが、米国の大学ならば学生納付金の全収入に占める割合がそれほど大きくないので、学生が一時的に減っても経営に及ぼす影響が弱いうえ、それを補完する収入があるので心配しないですむ。それゆえ、学生に対する指導はわが国と違って厳しくできるのであろう。

もちろん、学生への指導は単純に収入構造だけで決定されるものではない。しかし、日米大学間の収入構造の違いをみると、そう勘繰らざるを得ないのも事実であろう。

(2) 米国の大学の資産運用

米国では大学収入を分散化させているが、その中で投資収入がかなりの役割を果たしている。そこで、今度は投資収入の源泉である資産運用について調べてみたい。

米国では日本と異なり、大学基金を設けて投資資金を運用している。寄付金は大学本体にそのまま流れるものもあるが、多くは大学基金に一旦留まり、この累積資金が運用対象になっている。そのため、新規に流入する寄付金ならびに運用利益が累積資金として蓄積されていく。

ただし、毎期、大学基金から一定割合の資金が大学本体に向けて流出していく。その比率をペイアウト率と呼んでいる。したがって、新規流入の寄付金と運用利益の合計がペイアウトを上回れば大学基金の資金規模は膨らみ、逆に下回れば縮小していく。

この中で注目しなければならない要因は、やはり運用利回りの大きさであろう。運用利回りが高ければ安定したペイアウトが可能となり、大学の使命である教育・研究活動を積極的に進めることができる。

図表 4-5 は米国の 5 校を対象にした大学基金の資金規模と運用利回り、そしてペイアウト率を整理したものである。これを見ると、まず資金規模の大きさに目を奪われる。全米で最大規模の大学基金はハーバード大学であり、飛び抜けた存在であるが、他の大学もわが国の大学に比べればかなり大きい。

図表 4-5　米国の主要私立大学の資産運用とペイアウト率

2011年度	大学基金の資金規模	前年度	運用利回り	ペイアウト率
ハーバード大学	32,012,729	27,565,029	21.4%	4.3%
イェール大学	19,174,400	16,652,000	21.9%	5.9%
スタンフォード大学	16,502,606	13,851,115	22.4%	5.7%
ノースウエスタン大学	6,989,010	6,075,671	17.3%	4.1%
デューク大学	5,747,377	4,823,572	24.5%	5.8%
5校の平均	16,085,224	13,793,477	21.5%	5.2%

(注)　単位：千ドル、％

　それよりも運用利回りの大きさに驚かされる。平均20％台の高利回り運用である。資産運用に苦戦する日本の大学とはまったく対照的な姿である。しかも、どの大学基金も同じような高水準の利回りを生み出している。

　日本の大学は低利回りのうえ、大学間に運用の巧拙がみられたが、米国の5校をみる限りでは揃ってかなり良好な成果を出している。これは大学基金が資産運用に特化しているからである。わが国の大学では資産運用を専門に受け持つ部署がないといっていい。そのため、日米間でかなりの格差がみられるのである。

　一方、大学本体に流すペイアウト率はほぼ5％前後であり、これは多くの大学でこの程度に決定づけられているようである。リーマンショック時のような異常事態を除けば、ペイアウト率は毎年度、ほぼ同じである。

　大学基金が抱える運用資金にこのペイアウト率を掛けた資金が投資収入として大学本体に流れていくので、運用環境に大きく揺れ動かされる恐れは少ない。まさに安定した投資収入が確保できる仕組みを大学基金の内部に備えている。

　このようにして米国の大学ではわが国の大学と異なった構造を持っている。ここでは主要な私立大学を5校だけ取り上げながら、かなり大雑把に大学収入の内訳そして資産運用の成果についてみてきた。もう少し具体的に米国の

大学の特徴を掘り下げていく必要もあろう。

そこで、次節では代表的な米国の私立大学であるハーバード大学に絞りながら、米国の大学の特徴を探っていきたい。特にハーバード大学は絶えず高い運用収益をもたらす機関投資家としても注目されている。その実態を知るうえでも大変興味深い大学である。

第4節　ハーバード大学の財政報告書

(1) 損益計算書と貸借対照表

米国の大学では毎年度、大学の財政状況をまとめた報告書が刊行されている。それは冊子の形でも、またホームページでもみられる。わが国でもようやく大学の財政状況が発表されるようになったが、ごく一部の大学を除いて、ほとんどが形式的なスタイルに留まっている。

それに対して米国の主要な大学ではかなり詳細な財政報告が行われている。そこで、本節では「ハーバード大学　財政報告書（2011年度版）」(Harvard University Financial Report 2011) を用いて、大学運営ならびに資産運用の実態を調べていきたい。

まず、ハーバード大学の損益計算書からみていくことにしよう。**図表4-6**は2010年6月末と2011年6月末の2年間にわたるデータを取り上げているが、ここでは主として2011年6月末を中心に説明していく。収入は学生納付金、補助金、今期利用向け寄付金、投資収入、その他の5項目に分けられている。

学生納付金は学部生そして大学院生からの授業料収入などで成り立っている。主要な私立大学は学部生よりも大学院生のほうが多いので、学生納付金も大学院からの収入のほうが多い。これはわが国の大学ではみられない特徴である。

だが、それよりも驚くのは奨学金の大きさである。ハーバード大学だけで

図表 4-6　ハーバード大学の損益計算書

収　　入	2010年6月末	(%)	2011年6月末	(%)
(1) 学生納付金				
学部	245,885	6.6	254,095	6.7
大学院	394,917	10.6	411,152	10.9
寮費収入	147,735	4.0	149,972	4.0
継続教育及び上級プログラム	242,212	6.5	260,390	6.9
控除される奨学金	▲318,911	▲8.5	▲335,036	▲8.9
小計	711,838	19.0	740,573	19.6
(2) 補助金				
連邦政府（直接経費）	463,009	12.4	509,958	13.5
連邦政府（間接経費）	157,516	4.2	176,270	4.7
非連邦政府（直接経費）	136,712	3.7	145,044	3.8
非連邦政府（間接経費）	19,540	0.5	20,555	0.5
小計	776,777	20.8	851,827	22.5
(3) 今期利用向け寄付金	247,899	6.6	276,914	7.3
(4) 投資収入				
大学基金からの分配金	1,320,574	35.3	1,192,030	31.6
その他	172,933	4.6	169,802	4.5
小計	1,493,507	39.9	1,361,832	36.0
(5) その他	508,987	13.6	546,600	14.5
合　計	3,739,008	100.0	3,777,746	100.0

（単位：千ドル）

費　　用	2010年6月末	(%)	2011年6月末	(%)
(1) 人件費				
給料・賃金	1,363,348	36.5	1,420,023	36.3
福利厚生費	426,124	11.4	461,010	11.8
小計	1,789,472	47.8	1,881,033	48.1
(2) 利子費用	266,021	7.1	298,843	7.6
(3) 減価償却	278,360	7.4	281,027	7.2
(4) space and occupancy	278,327	7.4	271,853	7.0
(5) 設備供給	217,749	5.8	233,655	6.0
(6) 直接支払われる奨学金等	115,870	3.1	116,510	3.0
(7) その他	794,148	21.2	824,647	21.1
合　計	5,529,419	100.0	5,788,601	100.0

（単位：千ドル）

収入－費用	2010年6月末	収支	2011年6月末	収支
収　支　差　額	▲939	赤字	▲129,822	赤字

（単位：千ドル）

なく全米の大学は学生への奨学金が充実し、優秀な学生に対して経済的な負担を和らげる方針が貫かれている。それゆえ、授業料収入などから奨学金を差し引いた実質的な学生納付金の割合は20％弱となり、かなり低い数値になっている。

それに対して補助金の割合は学生納付金よりも大きく、22％も占めている。補助金は連邦政府そして非連邦政府からの資金であり、それは競争的資金配分方式から獲得したものである。学部生よりも大学院生のほうが多いことからもわかるように、ハーバード大学は教育よりも研究にウエイトを置いた大学である。研究を進めていくうえで優位な環境に置かれている。それゆえ、補助金の割合が高いのも頷けるであろう。

一方、今期利用向け寄付金の割合は一桁台である。この数値から寄付金の役割が低くみえるかもしれない。だが、寄付金は今期利用向け寄付金だけでない。大学基金に向かう寄付金もあり、むしろ、こちらのほうが大きい。このタイプの寄付金は大学基金に蓄積され、そこから運用収益が生み出され、大学本体に分配金として流れていく。

したがって、今期利用向け寄付金の割合が少なくても、寄付金の役割は決して低いわけではない。むしろ寄付金が分配金として間接的に大学本体に流れる仕組みのほうに注目すべきである。

米国の大学では一般的に職員自身が大学内部で資金を運用したり、あるいは投資顧問会社など外部の運用会社に任せている。だが、ハーバード大学は他の大学と異なり、運用子会社を独自に設立し、運用業務をその会社に全面的に任せている。200名近いスタッフを擁し、上層部は運用成果に応じてかなり高い報酬も得ている。

高い運用利回りを実現しているため、投資収入の占める割合は各項目の中で一番高く、大学基金からの分配金は全収入に対して31.6％も占めている。そのことは先ほどの主要5校の中で確認したばかりである。また、前年度の数値をみると、35.3％もある。これにより資産運用が一時的な手段ではなく、

完全に大学経営に根づいていることが確認できる。

その他の収入は14%であり、あまり大きなウエイトを占めていない。したがって、以上のことからハーバード大学では学生納付金、補助金、投資収入が3本柱となって大学収入を支えている。さらに細かくいえば、投資収入から派生した大学基金からの分配金が大学経営を維持する最大の柱になっている。

次に費用に目を移すことにしよう。圧倒的な割合を占めているのが人件費であり、50%近い値を示している。そのほかに目立って大きな割合を占める項目はなく、ほぼ均等に散らばっている。

大学の活動は教育と研究が中心であるため、それを担う教職員の給料・賃金がどうしても突出する傾向にある。また、それに伴って福利厚生費も増えていく。それゆえ、人件費が費用の中でかなりの割合を占めるのも当然であろう。

日本の大学も同様に人件費の占める割合が高く、50%台どころか、60%台の私立大学もみられる。それに比べれば、米国のほうが人件費を抑えているともいえる。だが、米国の大学で興味深いのは人件費の割合よりも、教職員の構成であろう。

わが国の大学では教員のほうが職員よりも人数が多く、教員数／職員数は1を上回っているが、米国の大学ではその関係が逆転している。ハーバード大学では教員数／職員数が約0.3であり、圧倒的に職員のほうが教員よりも多い。同じアイビーリーグの名門私立のイェール大学も0.3ぐらいである。もちろん、それをさらに下回る有名大学も存在する。

これにより米国ではかなりの人数の職員を抱えながら運営されている実態がわかる。そのため人件費も増えていくが、大学が得る収入も多いので、ほぼ吸収できるのが米国の大学経営である。ハーバード大学の2011年6月末の収支差額はたまたま前年度に引き続き、赤字の状態が示されているが、いつまでも赤字が続くとは考えられない。

1年間の収入と費用の関係がわかったところで、次に大学が保有する資産と負債についてみてみることにしよう。**図表4-7**はハーバード大学の貸借対照表であり、資産と負債の姿が示されている。極めて大雑把なものであるが、ここで注目すべき項目は大学基金である。それをみるとわかるように、資産と負債の差額に相当する純資産のほとんどを占めている。

　これはハーバード管理会社（Harvard Management Company）が運用資金として保有しているものである。規模が大きく、総資産の半分を上回るほどである。この資金を積極的に運用することで、大学収入の3分の1に相当する資金を生み出している。それゆえ、大学基金による運用成果は大学の教育・研究活動を決定づけるほどの影響力を持っている。

図表4-7　ハーバード大学の貸借対照表

	2010年6月末	(%)	2011年6月末	(%)
資産				
固定資産	5,500,585	11.4	5,647,077	9.2
投資ポートフォリオ	36,701,525	76.1	46,760,472	76.4
その他	6,031,965	12.5	8,807,749	14.4
合　計	48,234,075	100.0	61,215,298	100.0

（単位：千ドル）

	2010年6月末	(%)	2011年6月末	(%)
負債				
投資ポートフォリオに関係した負債	6,926,031	14.4	14,335,814	23.4
その他	8,975,776	18.6	9,016,207	14.7
小計	15,901,807	33.0	23,352,021	38.1
純資産				
大学基金	27,565,029	57.1	32,012,729	52.3
その他	4,767,239	9.9	5,850,548	9.6
小計	32,332,268	67.0	37,863,277	61.9
合　計	48,234,075	100.0	61,215,298	100.0

（単位：千ドル）

(2) 大学基金の実態

そこで、ハーバード大学の大学基金について、もう少し掘り下げてみよう。**図表4-8**は大学基金だけに絞り、その資金流出入を整理したものである。これをみるとわかるように一般投資からのインカムゲインやキャピタル損益・含み損益が投資収益として流入し、そこから大学本体に向けて分配金が流出している。この分配金が大学にとっての投資収入になり、差額が純投資収益となる。

ここで注目しなければならないのは投資収益を構成するキャピタル損益・含み損益の存在である。すでに触れたように日本の大学会計では含み損益が決算の中で明確に組み入れられていない。あくまでも注記でしか取り扱われていない。日米の大学決算を比較することで、わが国においても含み損益を明示的に導入する必要性が痛切に感じられる。

さらに大学基金の資金流出入で気になるのは寄付金の大きさである。全体の資金流出入の中で、あまり大きな割合を占めていないのに気づく。投資収

図表4-8 ハーバード大学基金の資金流出入

	計算式	2010年6月末	2011年6月末
(1) 投資収益			
一般投資からのインカムゲイン		182,402	161,206
キャピタル損益・含み損益		2,447,868	5,339,178
小計		2,630,270	5,500,384
(2) 大学本体への分配金		▲1,320,574	▲1,192,030
(3) 純投資収益	(1)−(2)	1,309,696	4,308,354
(4) 寄付金		240,793	212,364
(5) その他		▲123,699	▲73,018
(6) 年度の増分	(3)+(4)+(5)	1,426,790	4,447,700
(7) 前年度の大学基金の純資産		26,138,239	27,565,029
(8) 今年度の大学基金の純資産	(6)+(7)	27,565,029	32,012,729

(単位:千ドル)

益の大きさに比べてわりと小さな存在である。それは大学基金の規模がかなり大きくなり、そこから生み出される投資収益もそれにつれて大きくなっているためである。そのため、寄付金の流入が目立たないのである。

それでも、絶えず寄付金を獲得する努力は必要である。投資元本そのものを大きくすることで運用収益をさらに高められるうえ、運用が悪化した時などは衝撃を緩和する効果もあるからだ。

こうして資金の流出入が繰り返され、その年度の増分が前年度の純資産に加わり、大学基金の資金規模が決定する。**図表 4-9** は 2003 年度から 2011 年度までの 9 年間にわたるハーバード大学基金の資金規模の推移を棒グラフで描いたものである。これをみると、2008 年度までは順調に資金規模を膨らませていたことがわかる。

だが、2009 年度に入ると、大幅に減らしている。これはリーマンショックの影響から運用収益が大幅なマイナス状態に陥ったうえ、大学に向けて分配金を流していかなければならなかったからだ。その結果、大学基金の純資

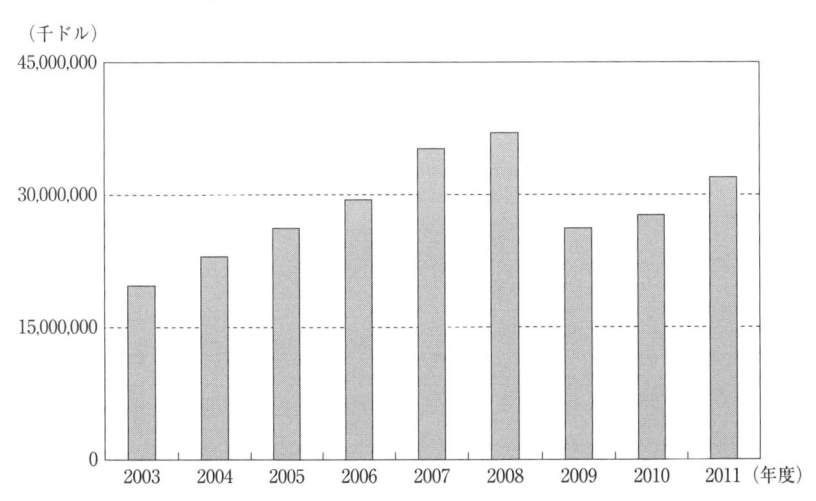

図表 4-9　ハーバード大学基金の資金規模の推移

産は前年度に比べてかなり減ってしまった。

しかし、次年度以降は確実に資金規模を増やしている。リーマンショックの教訓を活かしながらも積極的な姿勢が功を奏して運用収益が拡大したからである。そこで、どのような資産を保有することで運用収益を高めているのかを具体的にみてみよう。

図表 4-10 はハーバード大学基金の資産構成を整理したものである。ここでは 1995 年度、2005 年度、そして 2011 年度の結果が示されている。これをみると、わが国の大学では想像もつかないハイリスクな資産運用を繰り広げているのが確認できる。

運用対象の中で株式の割合が最も高いが、その中身は国内株だけでなく、

図表 4-10　ハーバード大学基金の資産構成

	1995 年度	2005 年度	2011 年度
(1) 株式			
国内株	38	15	12
外国株	15	10	12
新興株	5	5	12
プライベートエクイティ	12	13	12
小計	70	43	48
(2) 絶対収益	0	12	16
(3) 実物資産			
商品	6	13	14
不動産	7	10	9
小計	13	23	23
(4) 債券			
国内債券	15	11	4
外国債券	5	5	3
ハイイールド債券	2	5	2
インフレ連動債券	0	6	4
小計	22	27	13
(5) 現金	▲5	▲5	0
(6) 合計	100%	100%	100%

（注）単位：%

外国株、新興株、プライベートエクイティというさらにハイリスクな運用も含んでいる。また、相場の影響を受けない絶対収益（アブソリュートリターン）、そして商品や不動産に代表される実物資産にも力を入れている。

それに対して債券の割合は低下傾向にある。債券も国内債券だけでなく、外国債券、ハイイールド債券、インフレ連動債券も保有しているが、このうち安全確実な国内債券が下がることで債券全体の割合を下げているのがわかる。

こうしてみていくと、ハーバード大学基金はかなりのリスクを負いながら、それに見合ったリターンを追求している実態が把握できる。そうした運用の成果を具体的に表したものが**図表 4-11**の資産別運用収益率である。

ここでは全体の運用収益率のほか、株式、プライベートエクイティ、絶対収益、不動産、債券の個別運用収益率も 2011 年度を基準にしながら、1 年間の収益率、10 年間の平均収益率、そして 20 年間の平均収益率として描かれている。

2011 年度は一時の混乱状態から回復した影響からであろうか、1 年間の収

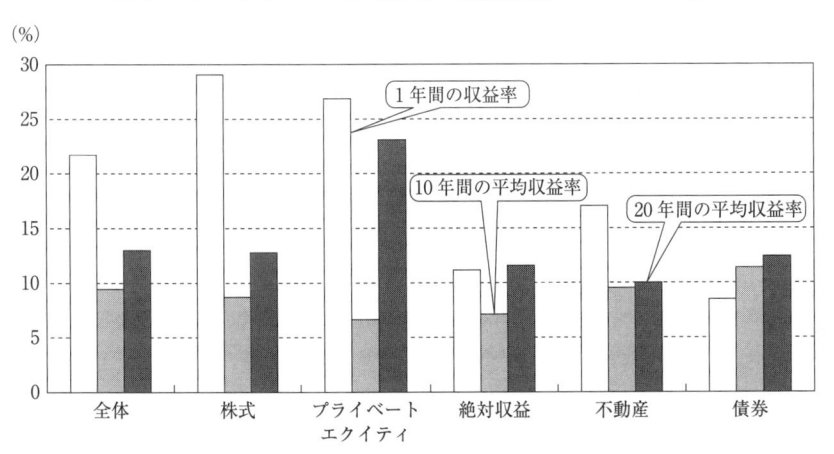

図表 4-11　ハーバード大学基金の資産別運用収益率（2011 年度）

第 4 章　日米大学間の収入構造と資産運用　113

益率は 21.4% となり、リーマンショック以前と同様の高い収益率を弾き出している。それに貢献したのが株式やプライベートエクイティであることが個別の運用収益率をみることで理解できる。

確かに高い運用収益率を生み出しているが、その一方で、年度によって変動する傾向がある。ハイリスクな運用姿勢で臨んでいるので、かなりの変動幅に晒されるのは止むを得ないであろう。そこで、単年度の運用収益率だけでなく、10 年間あるいは 20 年間といった長期的視点からみた平均運用収益率にも関心を払っている。

10 年間の全体の平均運用収益率は 9.4% であり、この期間は不動産と債券が収益率の上昇に貢献している。そして、20 年間の全体の平均運用収益率は 12.9% であり、プライベートエクイティが突出して高い運用成果を生み出している。このことからハーバード大学基金は 10 年間あるいは 20 年間にわたって平均 10% 前後の高い運用収益率をコンスタントに出せる能力を備えていると判断できる。

とりわけ、米国の大学基金にとって長期運用収益率は大事な指標である。なぜなら、大学基金が抱える過去数年間の平均運用資金に対してペイアウト率を掛けた金額が大学本体への分配金になるからである。決して短期的視点から分配金を決定づけていない。したがって、長期運用収益率がペイアウト率を上回っていれば、運用資金は大学に分配金を払いながらも年度ごとに増える。まさに好都合な結果をもたらす。

だが、長期運用収益率を重視しているのは米国大学特有のペイアウト方式よりも、むしろ運用成果の性質そのものにある。つまり、資産運用の成果は短期で捉えれば変動が激しいが、長期的には高く安定した収益率が得られる。年度ごとの運用成果に一喜一憂するのではなく、長期的視点から捉えることの重要性を米国の大学基金は熟知しているのである。

もちろん、有能なトレーダーを揃えるなど、資産運用体制の基礎的条件は欠かせない。その条件を欠けば長期・安定・高収益という理想的な運用成果

はなかなか得られない。ハーバード大学基金はそのために全米でもまれな運用専門の子会社組織として設立され、規模ならびに質の面でも突出した運用成果を生み出しているのである。

第5節　社会的ニーズを反映した活動

(1) 寄付金を原資とした資産運用

　本章で確認したように日本と米国では大学の収入構造そして資産運用行動がまったく違っている。規模だけでなく、中身もかなりの隔たりが感じられる。

　わが国では収入のほとんどを学生からの納付金で賄っているが、米国ではそのウエイトが低い。それでも一人当たりの学生に課す授業料を比較すると、米国はわが国よりもはるかに高い授業料を求めている。日本では一般的に授業料を抑える努力が評価されるせいか、日米の授業料格差は広がる傾向にある。

　その一方で、米国では奨学金制度が発達し、学生の半数ぐらいが何らかの恩恵を受けている。たとえ授業料が高くても優秀な学生ならば奨学金を利用することで、授業料の支払いを軽減できる仕組みが備わっている。わが国の大学も徐々に奨学金制度を拡充しているようだが、米国ほどには至っていない。

　このように授業料ひとつを取り上げてみても米国の大学は日本の大学とまったく違った構造を持っている。不思議にみえるかもしれないが、これは米国の大学が組織そのものを潜在的に活性化させる仕組みを熟知しているからだと思われる。

　例えば、授業料収入のウエイトを低くすることで、それを補うための何らかの収入が必要になる。その代表が寄付金である。寄付金は大学が社会に向けて有益な働きをしない限り、十分な資金が集まらない。それゆえ、大学は

人々のニーズを探るようになる。その結果、絶えず変化する社会の中で価値ある教育・研究活動が行えるようになる。

日本の大学のように学生からの授業料収入に全面的に依存した構造を持つ限り、このようなインセンティブは働きにくい。むしろ、逆に社会から懸け離れた誤った教育・研究が行われる恐れがある。

しかし、寄付金は期間ごとに変動があるうえ、すべて支出すれば資金がいずれ枯渇してしまう。これでは安定した大学運営が難しくなる。そこで、この問題をみごとに解決してくれるのが大学基金による資産運用である。

寄付金を中心に堅固な体制のもとで積極的な資産運用を行えば、高い運用収益が得られ、大学は本来の教育・研究活動に向かって邁進できる。このことは単に大学という個別の組織を繁栄させるだけでなく、人々の要求に応じた行動を大学が取ることで社会全体の繁栄にもつながっていく。

(2) 大学による2種類の活動

図表4-12はそうした関係を整理する意味から描いたものである。この図の右側には寄付金の流れが示されている。社会的ニーズを反映した教育・研究活動が実現できれば、寄付金は大学に向かって確実に流れていく。逆に社会から懸け離れた活動を続ければ、寄付金は集まらず、その大学はいずれ存続できなくなる。それを回避するためにも大学は正しい方向へ舵を切っていかなければならない。

さらに同図の左側には寄付金が大学基金を通して金融資本市場に流れていく姿が示されている。この資金も社会的ニーズを反映したものでなければならない。なぜなら、高い運用収益を求めるならば、社会が必要とする領域に向けて投融資活動を行わざるを得ないからである。もし誤った運用を続ければ、高い運用収益が得られないどころか、投資元本を減らす最悪の結果をもたらしてしまう。

寄付金による運用資金が大学基金を通じて金融資本市場に流れ、最適な資

図表4-12　大学による2種類の活動

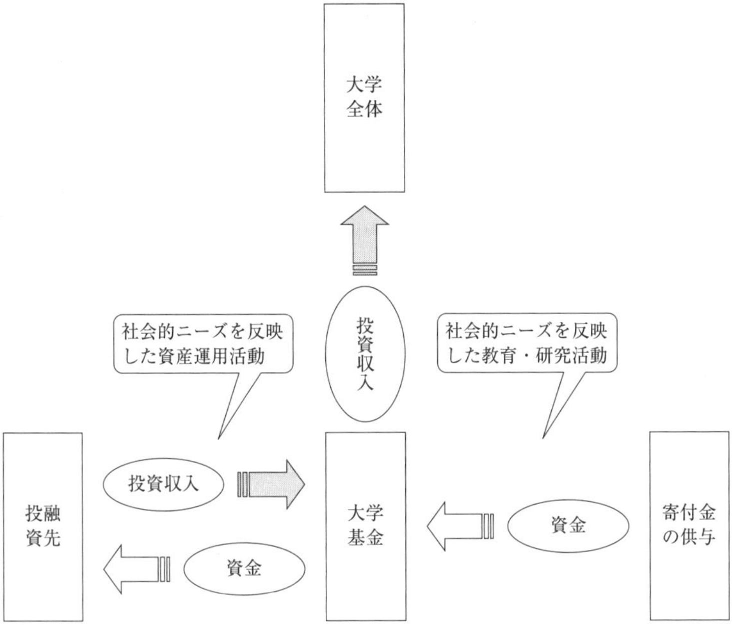

```
                    ┌──────┐
                    │ 大学 │
                    │ 全体 │
                    └──────┘
                       ↑
    社会的ニーズを反映         社会的ニーズを反映
    した資産運用活動          した教育・研究活動
                    ( 投資収入 )

┌──────┐  投資収入   ┌──────┐   資金    ┌──────┐
│ 投融 │ ═════════> │ 大学 │ <═════════ │ 寄付金 │
│ 資先 │ <═════════ │ 基金 │            │ の供与 │
└──────┘   資金     └──────┘            └──────┘
```

金配分から生み出された収益が投資収入として大学本体に向かっていく。単純な資金の流れのようであるが、この機能がうまく作用するには教育・研究活動ならびに資産運用という2種類の活動が社会的ニーズを反映するように展開されなければならない。

　わが国では世間から懸け離れた存在として大学が捉えられる傾向が一部でみられるが、いつまでも現状のままでいるわけにはいかない。人々の要求を叶えるにはさまざまな方法があるが、米国の大学にみられるような寄付金を財源とする資産運用活動も有力な手法のひとつと思われる。

　これにより大学それ自身が発展するだけでなく、それを取り巻く社会のさまざまな領域にも波及していく。わが国が発展していくためにも、この仕組みを大学に取り入れる必要性が高まっているように感じられる。

第5章

米国の大学基金による資産運用行動

第1節　リーマンショックの影響

(1) 米国の大学基金

　2008年9月に起きたリーマンショックは米国で展開する主要な銀行や証券会社といった金融機関だけでなく、大学の資産運用行動にも悪影響を及ぼした。米国の大学はわが国の大学と違って、比較にならないほど資産運用業務に力を注いでいる。しかも、資金規模はかなりの金額にのぼっている。それゆえ、株式や債券の相場が大幅に崩れれば運用成果が悪化し、大学経営そのものを直撃する恐れがある。

　特に大学の資産運用業務を任されている多くの大学基金はハイリスク・ハイリターンの運用を目指している。そのため、運用環境が激変すれば運用成果が著しく悪化する傾向にある。**図表5-1**はそのことを確認するため、全米大学経営管理者協会（NACUBO）の報告書（NACUBO Endowment Study）からベスト15位までの主要な米国の大学基金を並べ、資金規模と増減率（対前年度比）を2009年度と2010年度の2カ年にわたってみたものである。

　米国には日本よりもかなり多くの大学があるため、大学基金の数も多い。その中で絶えずトップに君臨しているのがハーバード大学（マサチューセッツ州）であり、270億ドルもの運用資金を抱えている。第2位がイェール大学（コネティカット州）であり、運用資金が160億ドルである。第3位はプリンストン大学（ニュージャージー州）が続き、運用資金は140億ドルである。

図表 5-1　米国の大学基金―トップ 15―

順位	大学基金	州	2009 年度基金 (千ドル)	増減率 (%)	2010 年度基金 (千ドル)	増減率 (%)
1	Harvard University	MA	26,138,239	▲ 28.5	27,557,404	5.4
2	Yale University	CT	16,327,000	▲ 28.6	16,652,000	2.0
3	Princeton University	NJ	12,614,313	▲ 22.8	14,391,450	14.1
4	University of Texas System	TX	12,163,049	▲ 24.8	14,052,220	15.5
5	Stanford University	CA	12,629,094	▲ 26.6	13,851,115	9.8
6	Massachusetts Institute of Technology	MA	7,880,321	▲ 21.7	8,317,321	5.5
7	University of Michigan	MI	6,000,827	▲ 20.7	6,564,144	9.4
8	Columbia University	NY	5,892,798	▲ 19.8	6,516,512	10.6
9	Northwestern University	IL	5,445,260	▲ 24.8	5,945,277	9.2
10	Texas A&M University System & Foundations	TX	5,083,754	▲ 23.7	5,738,289	12.9
11	University of Pennsylvania	PA	5,170,539	▲ 16.8	5,668,937	9.6
12	University of Chicago	IL	5,094,087	▲ 23.2	5,638,040	10.7
13	University of California	CA	4,937,483	▲ 20.6	5,441,225	10.2
14	University of Notre Dame	IN	4,795,303	▲ 23.0	5,234,841	9.2
15	Duke University	NC	4,440,745	▲ 27.5	4,823,572	8.6

資料：NACUBO Endowment Study　図表 5-2～5-8 も同じ資料より作成。

　日本円に換算すると、これら3大学の基金は1兆円強から3兆円弱の資金を運用していることになる。第4位以下の大学もかなりの運用資金を持っているが、ハーバード大学等に比較すると若干見劣りがする。トップ15の大学基金でも規模の格差が感じられる。

　それでも2009年度の運用資金の増減率をみると、どの大学基金もマイナスであり、しかもほとんどがマイナス20％台という悲惨な状況が報告されている。規模の相違に関わりなく、運用資金を大幅に減らしている。

　これはリーマンショックの影響をもろに受け、運用成果が急激に悪化したためである。その結果、大恐慌以来の最悪の結果がもたらされたのである。だが、これはあくまでも資金規模トップ15の大学基金を対象にしたものに過ぎない。それでは、すべての大学基金を対象にしたならば、どのような結果が得られるであろうか。

　そこで、NACUBOが扱った2009年度のすべての大学基金をみると、全864の大学基金の平均運用資金は3億7199万7000ドルであり、増減率の平

均値はマイナス23.2%である。このことからも規模に関わりなく、すべての大学基金で同じように運用につまずいたことが確認できる。

ただ、ここで注意しなければならないことがある。それは米国の大学基金が寄付金によって成り立っていることである。寄付金が大学基金に流入し、資金が蓄積され、それを運用に回している。運用に成功すれば寄付金のほかに運用収益部分が加わり、資金残高がさらに増えていく。だが、反対に失敗すれば運用の損失が寄付金の増加部分を打ち消し、資金残高を減らしていく。

したがって、大学基金の資産残高は寄付金と運用成果の影響を受けて変動する。すなわち、これら2つの要因による資金流出入が資産残高を決定づけている。それゆえ、資産残高の対前年度比だけで運用成果が判断されるわけではない。だが、そのことを踏まえても2009年度の悲惨な結果をみる限り、運用の失敗が大きな要因であったことは誰もが認める事実であろう。

(2) 運用の特徴

そうであるならば、リーマンショックの教訓として従来の資産運用の在り方を全面的に改めようとする動きが現れても不思議ではないように思える。ハイリスク・ハイリターンの運用からリスクをできる限り回避する運用に転換しようと考えるであろう。その場合、運用収益率もリスクの低下に合わせて減少すると予想される。

そうすると、大学基金の資金量は前年度に比較してそれほど伸びないことになる。ところが、実際は違っている。先ほどの**図表5-1**で2010年度の結果をみるとわかるように、トップ15の大学基金はリーマンショックの後遺症もなく、資金量を増やすだけでなく、二桁の高い伸び率をみせるところもあるほどだ。

これは単に資金規模が大きなトップ15の大学基金だけに限った現象ではなく、全体的にも当てはまる。全865の大学基金を対象にした2010年度のNACUBOの報告によると、資金量の平均値は4億775万6000ドルで、増

減率の平均値は 8.4％である。

　これによりトップ 15 だけでなく、多くの大学基金が従来の投資姿勢を貫いていることが窺われる。すなわち、リスクを恐れずに高いリターンを狙った投資方針を継続している。だからこそ、資金量がある程度の伸び率で増えているのである。

　米国の大学では年間予算のうち学生からの授業料収入のほかに、大学基金からの分配金もかなりのウエイトを占めている。それはわが国の大学とは比較にならないほど重要な収入源になっている。それゆえ、大学を運営するうえで資産運用は必要不可欠な業務となっている。

　したがって、2009 年度のようにリーマンショックの影響で運用が急激に悪化したからといって、すぐに撤退できるような体制になっていないことも従来の投資姿勢を貫き通す理由のひとつとして取り上げられるかもしれない。

　だが、それよりも大学基金による基本的な資産運用方針そのものに本質的な理由が見出されるように思える。一見、ハイリスク・ハイリターンにみえる投資姿勢もそれほど恐れる必要がないことを熟知しているのである。

　米国の大学基金では長期かつ分散を基本に置いた運用がその特徴として挙げられる。これによりリスクの高い運用のようにみえても、最終的には安定的で、しかも高いリターンが得られることを知っているのである。

　リーマンショックで投資リターンがマイナスに陥るなど資産運用が一時的に悪化したが、従来の投資姿勢を崩す必要はない。短期的には投資リターンの変動は必然的に発生するが、長期的には安定的で高いリターンが得られる。その性質を米国の大学基金ではうまく運用に活かしているのである。

　そこで、以下ではそうした投資姿勢について実際に成立していることをNACUBO Endowment Study によるデータから確認していきたい。

第2節　安定的で高いリターンを生み出す仕組み

(1) 長期投資の魅力

まず、長期投資が安定的で、しかも高いリターンを生み出すことから確認していこう。

図表 5-2 は NACUBO が扱う全大学基金を対象にした期間別収益率の推移をみたものである。ここでは1年間の収益率、3年間の収益率、5年間の収益率、10年間の収益率の4種類が2002年度から2010年度にかけて描かれている。

その図を眺めると、投資期間が長くなるにつれて収益率の変動が逓減していくのがわかる。いうまでもなく、最も変動が激しいのは1年間の収益率であり、高い収益率の年度と低い収益率の年度ではかなりの差がある。しかもプラスだけでなく、マイナスの収益率も生じている。

それに対して3年間の収益率は変動がかなり和らいでいる。5年間の収益

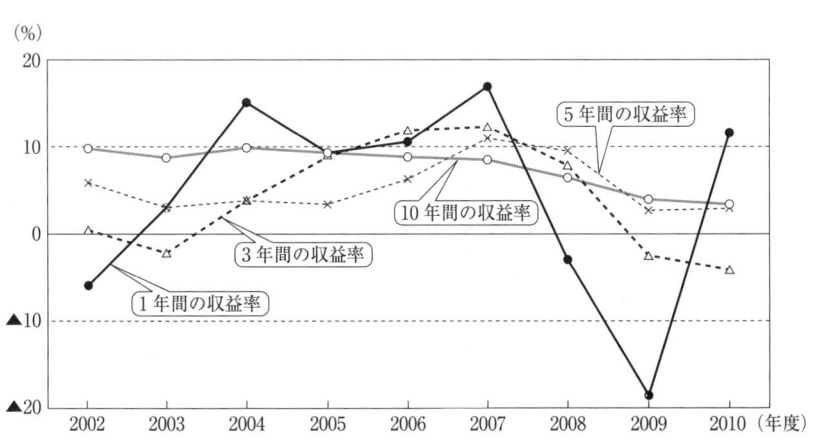

図表 5-2　米国の大学基金による期間別収益率の推移

率となると、変動はさらに小さくなり、10年間の収益率では最も安定的な動きをみせている。すなわち、投資期間を長めにすれば収益率の変動が小さくなるのが読み取れる。

　この特徴を別の角度から表現したのが**図表5-3**である。縦軸にリターンとして期間ごとの収益率の期待値を取り、横軸にリスクを表す指標として標準偏差を取っている。この図をみることで、同じデータから各期間の収益率を対象にしたリターンとリスクの関係が一目で理解できるようになっている。

　すでに確認したように運用期間が長くなるにつれて収益率の変動幅が小さくなるため、標準偏差も小さくなる。一方、期待値は運用期間が長くなるにつれて上昇傾向にある。ただ、1年間の収益率と3年間の収益率を比較すると、逆の関係が成立しているが、その差はごくわずかである。ほかの期間の収益率をみれば、運用期間と収益率の期待値は正の関係にある。

　したがって、リスクとリターンの図で表せば、運用期間と収益率の関係は右肩下がりとなる。すなわち、運用期間が長くなるにつれてリスクは低くなるとともに収益率の期待値は高まる傾向にある。まさにローリスク・ハイリターンという理想の運用につながる。逆に運用期間が短ければリスクは高く

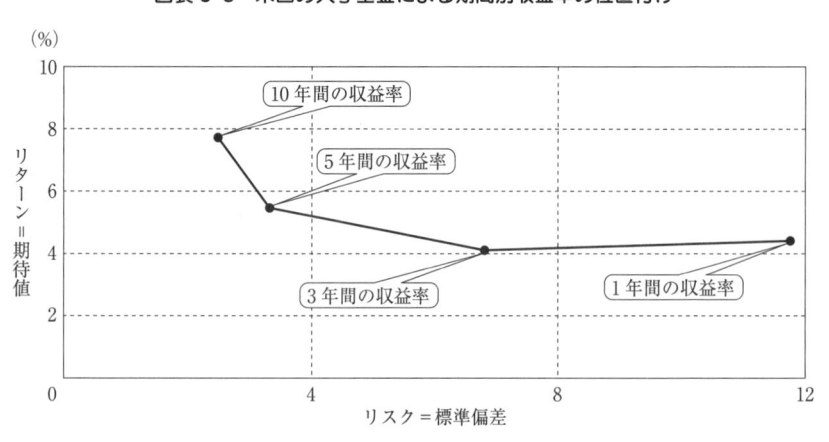

図表5-3　米国の大学基金による期間別収益率の位置付け

なり、収益率の期待値は小さくなる。そのため、ハイリスク・ローリターンという皮肉な結果を生み出している。

こうしてみていくとわかるように運用期間が長くなるにつれて安定的で高い収益率が得られる。米国の大学基金ではこのことを運用の基本に置いているため、運用環境が一時的に悪化したとしても投資姿勢を極端に変更しようとはしないのである。

(2) 運用資産の中身

安定的で、しかも高い収益率を生み出す条件として運用期間の長さに注目したが、それだけでは不十分である。長期にわたって高い収益率を得るには、やはりリスクの高い運用を試みない限り難しいであろう。その一方で、ある程度、リスクも回避しなければならない。

そうした矛盾する行動をみごとに解決してくれるのが運用資産の分散化である。リスクの高い資産を保有しながらも性格の異なる資産を組み合わせることで、全体のリスクを減らせるのである。

米国の大学基金ではこの性質を資産運用に活用し、リスクを抑えながら高いリターンを得ている。**図表5-4（1）（2）**は先ほどと同様にNACUBOが扱う全大学基金を対象にしながら、運用資産の配分の推移を数値ならびに図で示したものである。2種類の図表からわかるように全体的にリスクの高い運用が中心になっている。その一方で、種類の異なった資産を保有している。

詳しくみていくと、まず、安全確実であるが、低いリターンしか得られない債券と現金がある。しかし、投資としてはあまり魅力がない。そのため、それを補うのがリスクもリターンも高い株式の存在である。両者が組み合わさることでリスクはある程度、抑えられる。これはあらゆる機関投資家にみられる共通した手法であろう。

米国の大学基金ではそのほかに株式よりも高いリターンが得られるが、リスクはさらに高く、流動性がかなり低いオルタナティブを大量に保有してい

図表 5-4（1） 米国の大学基金による運用資産の配分

		2002年度	2003年度	2004年度	2005年度	2006年度	2007年度	2008年度	2009年度	2010年度
株式		50	49	51	48	48	47	41	32	31
	国内株式	—	—	—	—	—	—	23	18	15
	外国株式	—	—	—	—	—	—	18	14	16
債券		23	21	17	17	15	13	12	13	12
現金		1	2	3	2	1	1	1	4	5
オルタナティブ		26	28	29	33	36	38	46	51	52
	プライベートエクイティ	3	4	4	4	4	5	8	11	12
	ヘッジファンド	11	14	15	17	18	18	21	22	21
	ベンチャーキャピタル	3	3	3	3	4	4	3	4	3
	不動産	5	5	4	5	5	5	6	6	5
	天然資源	2	2	3	4	4	5	6	3	7
	その他	2	1	1	1	1	1	1	3	3

（注）単位：％

図表 5-4(2)　米国の大学基金による運用資産の配分

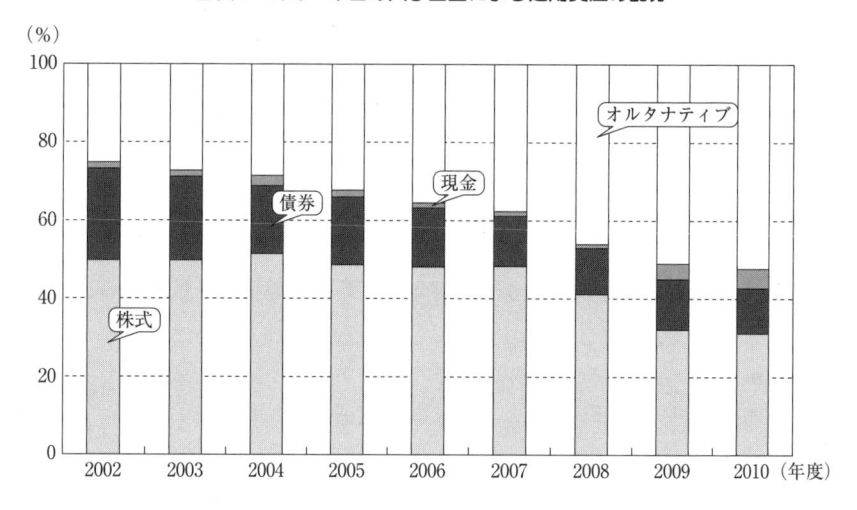

る。オルタナティブとは債券や株式といった伝統的投資対象以外のものを指す。

　具体的にはプライベートエクイティ、ヘッジファンド、ベンチャーキャピタル、不動産、天然資源等が挙げられる。したがって、オルタナティブとい

ってもさまざまな種類のものから構成されているため、それぞれが持つリスクをお互いに打ち消し合う作用が生じる。

　これらは高い収益率を生み出す可能性が高いが、変動も激しく、途中で売却するのも難しい。短期投資の対象として保有すれば高い収益率を獲得するどころか、大幅な損失を生み出す恐れもある。したがって、長期投資を前提としなければ魅力を引き出せないことにもなる。

　また、運用資産の推移をみると、年度が進むにつれて債券や株式のウエイトを落としながら、その分だけオルタナティブのウエイトを高めている。いまではオルタナティブが運用資産の代表的な存在となり、全体の50％を超えている。

　こうしてみていくと、オルタナティブに集中し、分散化効果が軽視されつつあるように感じるかもしれないが、それはあくまでも大雑把な括りで捉えた呼び名に過ぎない。そこにはあらゆる種類の投資が含まれているため、その中で分散化効果が作用していると解釈できる。

第3節　規模の利益が反映された資産運用

(1) 規模別による運用収益率

　いままで米国の大学基金の全体像を追ってきたが、今度は規模の相違に注目していきたい。全米の大学基金は資金規模が大きいところと小さいところではかなりの格差がある。そこで、運用資産の規模によって収益率に違いが生じているかどうかを調べてみたい。

　図表5-5は2010年度の大学基金による期間別の収益率を資産規模に分類しながら並べたものである。資産規模による分類とは0.25億ドル未満から始まり、10億ドル超までの6種類である。これら規模別分類に対して1年間の収益率から10年間の収益率が整理されている。

　これをみると、どの期間の収益率も資産規模が大きい大学基金ほど高い収

図表 5-5　米国の大学基金による規模別収益率（2010年度）

運用資産の規模	0.25億ドル未満	0.25〜0.5億ドル	0.5〜1億ドル	1〜5億ドル	5〜10億ドル	10億ドル超
1年間の収益率	11.6	12.0	11.8	11.9	11.9	12.2
3年間の収益率	▲3.9	▲4.2	▲4.3	▲4.4	▲3.9	▲3.5
5年間の収益率	2.2	2.6	2.7	3.0	3.6	4.7
10年間の収益率	2.8	2.9	3.3	3.3	3.6	5.0

(注) 単位：％

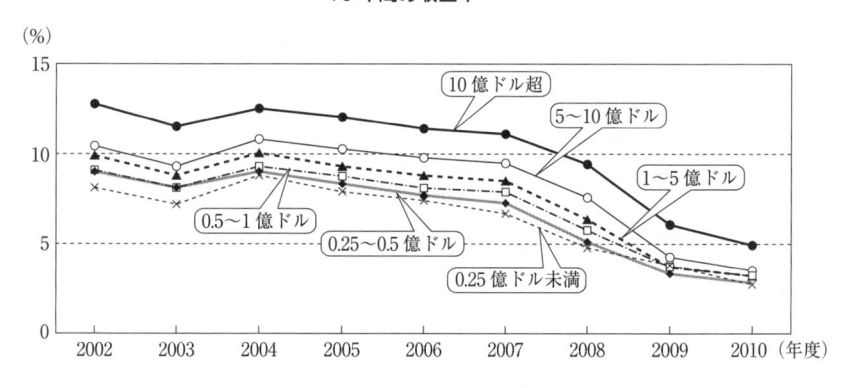

図表 5-6　米国の大学基金による規模別収益率の推移
　　　　　　　　―10年間の収益率―

益率を生み出していることがわかる。若干、部分的に異なった動きをしているところもみられるが、全体的にほぼその傾向が読み取れる。わかりやすい事例として0.25億ドル未満の大学基金と10億ドル超の大学基金を比較すると、どの期間の収益率も確実に10億ドル以上の大学基金のほうが高い。

いま2010年度のデータを用いて資産規模と収益率の関係をみたが、そのことはすべての年度で成立するであろうか。このことを確認するために描いたものが**図表5-6**である。ここではいくつかある収益率のうち10年間の収益率だけを取り出し、その動きを資産規模別に追っている。

これをみると、長期的に収益率が低下傾向にあるなか、どの年度も資産規模が大きい大学基金ほど高い収益率を生み出している。最も高い収益率は

10億ドル超の大学基金であり、逆に最も低い収益率は0.25億ドル未満の大学基金である。まさに米国の大学基金では資産運用に関して規模の利益が成立しているといえる。

規模が大きな大学基金は当然のことながら大学本体そのものも大きい。大学基金から生み出される収益は分配金として大学のさまざまな教育・研究関連費用として用いられ、大学をさらに発展させていく。それに伴って大学基金も自ずと資産規模が増えていき、さらに高い収益率を生み出すという好循環を繰り返していく。

したがって、規模の利益は時間の経過とともに大学間格差をもたらすことが予想される。校舎や設備はいうまでもなく、教育・研究活動も明らかな格差が生じるであろう。米国の大学では運用の分配金がこれらの費用を捻出するため、運用の成果は大学経営において無視できない存在であることがわかる。

(2) 規模別による運用資産の配分

大学基金を分類することから規模の利益が運用収益率に反映されることを見出したが、それではどのような仕組みを通して生み出されるのであろうか。そこで、先ほどと同じように運用資産の配分について注目したい。

図表5-7は2010年度の運用資産の配分を規模別に描いたものである。運用資産の種類として大雑把に株式、債券、現金、オルタナティブの4種類に分類している。この図をみるとわかるように、現金のウエイトはそれほど変わらないが、ほかの運用資産のウエイトは異なっている。つまり、資産規模が大きい大学基金ほど株式と債券を減らしてオルタナティブのウエイトを増やしている。特に10億ドル超の大学基金は60％ほどをオルタナティブで運用している。

また、どの規模の大学基金もオルタナティブは魅力的な投資対象のようにみえるのであろう。時間の経過とともにウエイトを高めている。**図表5-8**

図表 5-7　米国の大学基金による規模別資産配分（2010 年度）

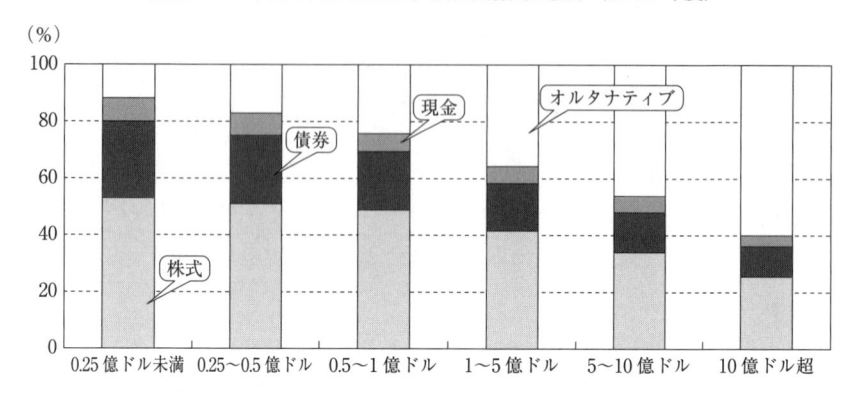

図表 5-8　米国の大学基金によるオルタナティブ投資の規模別推移

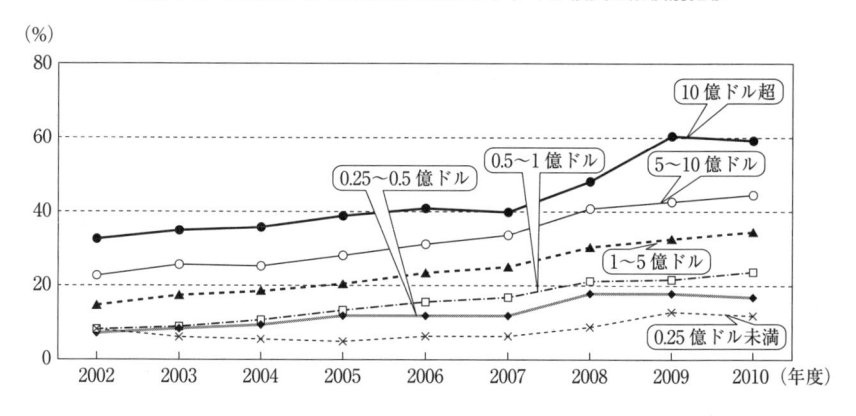

はオルタナティブのウエイトが年度を重ねるにつれてどのような動きをしているかを規模別にみたものである。

　これをみると、どの年度も規模の大きな大学基金ほどオルタナティブのウエイトが高い。また、時間が経過するにつれてどの規模の大学基金もそのウエイトを高める傾向にある。すなわち、大学基金にとってオルタナティブは投資対象として極めて魅力的な存在として位置付けられている。

リーマンショックの影響で、どの大学基金も一時的に大きな損失を発生させた。その反動からリスクが高い投資を避けようと、翌年度はオルタナティブといった高リスクの投資商品を大幅に減らすように思えたかもしれない。だが、2010年度のオルタナティブのウエイトをみる限りでは、そのようにはあまり感じられない。

　具体的にみると、「10億ドル超」の大学基金、「0.25～0.5億ドル」の大学基金、「0.25億ドル未満」の大学基金が前年度に比べて、わずかに1ポイントだけ落としているだけで、あとはほとんど変わっていない。反対に「5～10億ドル」の大学基金、「1～5億ドル」の大学基金、「0.5～1億ドル」の大学基金は2ポイントほど増やしている状態である。

　米国の大学基金にとってオルタナティブは重要な投資商品であり、そのことはあらゆる規模の大学基金において認識されているようである。やはり、その魅力は株式等に比べて高いリターンを生み出すからであろう。その一方で、リスクが高い投資商品でもある。

　だが、先ほども触れたようにオルタナティブは何種類もの要素から成り立っているので分散化効果が発揮できるうえ、長期を前提にした運用をしているため、安定した収益を獲得できる。だからこそ、このタイプの投資のウエイトが年々高まっているのである。

第4節　イェール大学の資産運用

(1) イェール大学の概観

　いままでNACUBOが扱う800以上の大学基金を対象にしながら、資産運用の特徴をみてきた。それは長期投資を基本に据えながら分散投資に徹することで、安定的で高い収益率が得られるということだった。しかも、その性質は資産規模が大きい大学基金ほど有利に展開することも知った。

　そこで、次に角度を変えて個別の大学基金に注目しながら、資産運用の特

徴を確認したい。ここではケーススタディとして米国を代表するコネティカット州の名門私立イェール大学（Yale University）を取り上げ、そこで繰り広げられている資産運用の実態を眺めていくことにしたい。

　まず、大学の概観から触れていこう。イェール大学は1701年に設立され、300年以上の歴史を持つ名門私立大学である。周知のように米国東部の世界屈指の有名私立大学8校（ブラウン大学、コロンビア大学、コーネル大学、ダートマス大学、ハーバード大学、プリンストン大学、ペンシルバニア大学、イェール大学）から形成されるアイビーリーグ連盟の一校でもある。今日ではカーネギー分類でRU/VH（Research Universities/very high research activities）の研究大学として、絶えず世界のランキングで上位に位置している。

　学生数は学部生・大学院生を合わせて約1万1000人である。一般的に米国の有名私立大学は学費が高い傾向にある。例えば、2011年度の年間学費をみると、ハーバード大学は3万8416ドル、プリンストン大学が3万6640ドルである。

　イェール大学も同様に高く、学部生の年間学費は3万8300ドルである。しかも寄宿舎に住むため1万1500ドルの寄宿費用もかかる。合計すると1年間に4万9800ドルが必要となる。

　日本円（1ドル＝95円）に換算すると、年間学費は363万8500円、寄宿費は109万2500円となり、合計金額は473万1000円となる。この数字をみると、かなり高く感じられる。特に学費はわが国の私立大学の授業料と比較して飛び抜けて高いように感じられる。

　それでは全面的に高い学費に支えられて大学が運営されているかというと、それはまったく違っている。**図表5-9**はイェール大学の1年間の収入と費用の構成を2009年度と2010年度の2年間にわたって整理したものである。

　大学収入の構成からみていくと、2010年度の場合、学費から得た割合は全体の収入のうち、たった8％である。わが国の私立大学が学生からの授業料等納付金で大学運営を支えている姿とはかなり違っている。

図表 5-9　イェール大学の収入と費用の構成

(1) 大学収入の構成(%)	2009年度	2010年度
大学基金からの分配金	45	41
補助金・契約所得	23	23
病院収入	16	17
学費	9	8
寄贈	3	4
出版	1	1
その他	3	6
合計	100	100

(2) 大学費用の構成(%)	2009年度	2010年度
教職員給与	46	48
福利厚生	14	15
減価償却費	7	7
援助金等	2	3
債務利息	4	3
PC設備等	3	2
その他	24	22
合計	100	100

資料：Yale University Financial Report　以下の図表5-10～5-13も同じ資料により作成。

　それでは収入の大きな支えとなっているのは何であろうか。それは大学基金からの運用収益である。イェール大学の場合、全収入のうち40％台が大学基金からの分配金で賄っている。米国の大学では大学基金からの運用収益が収入の大きな支えとなっているが、なかでもイェール大学は運用収益に過度に依存した構造を持っている。

　一方、費用の構成は圧倒的に教職員給与で占めている。この構図はどの大学にも共通した姿であろう。そうした費用の中で援助金等が数パーセントの割合を占めている。これは学生への奨学金である。学生たちは学園生活を送るにあたって年間5万ドル近い費用が掛かるが、奨学金制度を利用することで高い費用の支払いを緩和できるようになっている。

　イェール大学の半数以上の学生は何らかの奨学金を学内から受けており、その金額は一人当たり3万ドルを超えている。それゆえ、差し引き2万ドルが実質的な学費と寄宿費の合計金額となる。かなりの負担を大学が担っていることになる。

　これにより一見、高額な学費のようにみえても奨学金を通して援助されるので、優秀な学生を全米、あるいは全世界から集めることができる。この仕組みがイェール大学の強みとなっている。

一方、具体的な費用の中身を調べると、多くの割合を図書やリサーチなど研究に関連する費用が占め、教育関連の費用は相対的に小さい。人件費の割合が高いことを指摘したが、それはリサーチ関連の費用で占めているようである。だからこそ、世界的に評価される研究が行えるのであろう。

　いうまでもないことであるが、優秀な学生の確保も世界的な研究成果も豊富な資金がなければ実現不可能である。その大事な役割を担っているのが大学基金からの分配金であり、その資金を生み出す源泉が資産運用業務である。したがって、イェール大学にとって資産運用業務は大学運営を経済的に支えるうえで必要不可欠な存在といえる。

（2）資産運用の成果

　先ほども指摘したようにイェール大学の全収入に占める大学基金からの分配金は40％台とかなり高い。だが、その高い割合は以前から続いていたのではなく、時間を掛けて今日の状態に近づけていった。

　図表5-10はそうした大学基金からの分配金の割合を2000年度から2010年度にかけてみたものである。最初は20％前半から始まり、その後、30％台まで上昇し、そして40％台に達している。10年間で20％台から40％台に

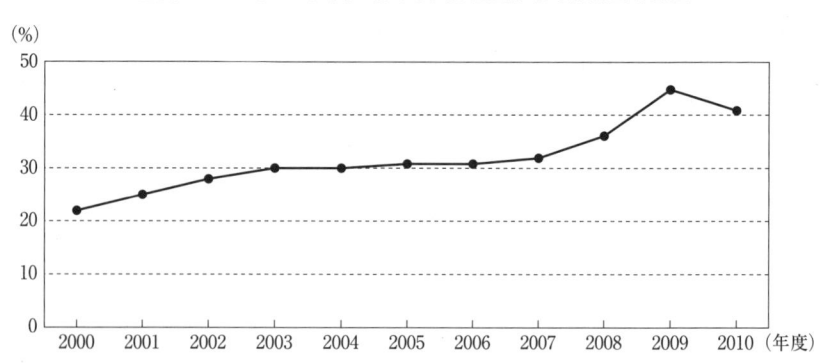

図表5-10　イェール大における大学基金からの分配金の割合

まで上昇している。

　それでは、なぜ大学基金からの分配金の割合がこれほどまでに高くなったのであろうか。理由として2つが考えられる。ひとつは大学基金の運用資産そのものが急激に拡大したことであり、もうひとつは運用の収益率が高まったことである。**図表5-11**はそのことを確認するため、イェール大学基金の資産運用の成果を整理したものである。

　投資資金の規模をみると、2009年度にリーマンショックの影響から一時的に減らしているが、それを除けば、各年度で確実に拡大している。例えば2000年度と2007年度を比較すると、投資資金の規模は2倍に膨れ上がっている。ここでは明示していないが、遡って20年ほど前と比較すると、その規模は10倍まで増大している。

　投資資金が大きければ同じ収益率でも大学に向かう運用収益の絶対額は大

図表5-11　イェール大学基金の運用成果と支出率

		2000年度	2001年度	2002年度	2003年度	2004年度	2005年度
投資資金（百万ドル）		10,092.3	10,733.3	10,522.6	11,048.9	12,740.9	15,091.0
収益率(%)							
	1年間の収益率	41.0	9.2	0.7	8.8	19.4	22.3
	3年間の収益率	―	―	17.0	6.2	9.6	16.8
	5年間の収益率	―	―	―	―	15.8	12.1
	10年間の収益率	―	―	―	―	―	―
支出率(%)		3.9	3.4	3.8	4.5	4.5	4.5

		2006年度	2007年度	2008年度	2009年度	2010年度
投資資金（百万ドル）		17,949.1	22,364.7	22,686.3	16,103.5	16,504.2
収益率(%)						
	1年間の収益率	22.9	28.0	4.5	▲24.6	8.9
	3年間の収益率	21.5	24.4	18.5	2.6	▲3.7
	5年間の収益率	14.8	20.3	19.4	10.6	7.9
	10年間の収益率	―	―	―	13.22	10.0
支出率(%)		4.4	3.8	3.8	5.2	6.9

きくなる。そのため、大学基金からの分配金の割合は投資資金の規模に比例して次第に大きくなる傾向にある。

それではもうひとつの要因である収益率はどうであろうか。1年間の収益率をみてもわかるように20％以上の高収益率の年度が目立つうえ、それ以外の年度でも全体的に高い。2009年度はマイナス24％の最悪の結果を出しているが、それを除けばすべての年度でプラスである。

ただ、1年間の収益率では変動が大きいので、ここでは3年間の収益率、5年間の収益率、10年間の収益率も示されている。これらの数値をみると、ほぼ二桁台の高収益率であり、長期的視点からみても運用資産を効率的に動かしている姿が読み取れる。

この表では運用成果のほかに各年度の支出率も並べられている。支出率とは大学基金が本体に向けて分配した資金の総資産に対する割合である。運用成果による変動を和らげ、本体に向けた資金の流れをできるだけ安定化させるため、独自のペイアウト・ルールを設けている。

この支出率をみると、リーマンショックの影響をもろに受けた2009年度を除けばすべての年度で1年間の収益率を下回っている。これにより大学へ分配金として支出しても基金そのものの資産は減らず、確実に増やしている実態がわかる。

リーマンショック時に支出の円滑化から資産をかなり取り崩したが、そのようなことができたのも過去に十分な資金が蓄積されていたからである。大学基金は単に投資資金を増やすだけでなく、投資環境の激変から被るショックを緩和する役割も果たしている。

もし運用収益をすべて大学に支出するならば、損失が発生した時に大学の運営そのものが混乱する恐れがある。大学経営の不安定性を排除するためにも十分な資産の蓄積が必要であり、イェール大学基金はそのことを十分に認識していると思われる。

そうした大学基金によるバッファー機能を実際に確認するため、運用収益

額ならびに大学への支出額をみることにしよう。ここでは前年度の運用資金額に運用収益率と大学への支出率を掛けることで、それらの金額を弾き出すアプローチを採用する。

図表 5-12 はこうして求めた 2 種類の金額からイェール大学基金の資金流出入の動きを描いたものである。これをみてもわかるように運用収益の金額は長い期間にわたって伸び続け、大学への支出を十二分に満たしている。大学への支出額も大きな金額であるが、それをはるかに上回る資金が投資収益として生み出されている。

ただ、2009 年度は巨額の運用損失が発生し、大学への支出も極端に切り詰めるのが難しかったため、運用資金が取り崩され、大幅な資金流出が生じている。それでも翌年度は過去の状態と同じように支出を上回るだけの運用収益が得られている。

こうした資金の流出入を眺めることで、大学基金による大学経営の安定化に向けた貢献が認識させられる。だが、基本的には大学基金が高い運用収益を得ない限り、十分な安定化機能を発揮できない。資金流出状態がいつまでも続けば、大学基金そのものが破綻してしまうからである。

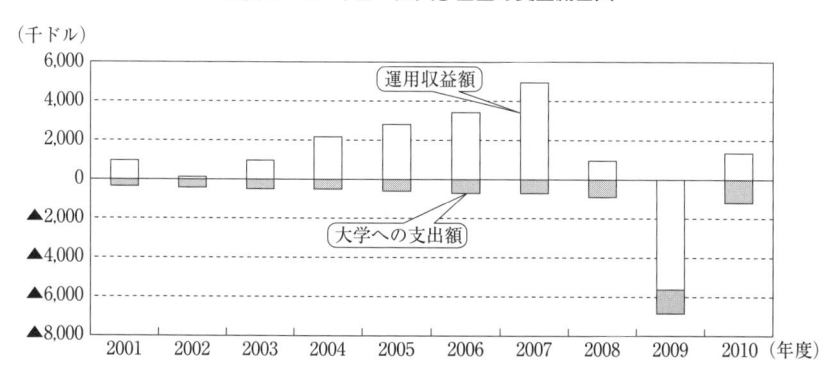

図表 5-12　イェール大学基金の資金流出入

(3) 運用戦略と保有資産の構成

　イェール大学基金は高い運用収益を獲得するため、米国の大学基金の中でも特に積極的な資産運用で知られている。有能な担当者を外部からスカウトし、新しい領域の投資手法を試みることで高い収益率を目指している。**図表5-13**に整理された保有資産の構成をみることでも理解できる。

　運用の特徴として債券や国内株式を減らしながら、オルタナティブを増やす戦略が指摘できる。これだけならば他の大学基金でも実施している手法である。だが、イェール大学基金の場合、オルタナティブの中身が違っている。絶対リターンという投資手法を運用の柱に据えている。

　株式などは安く買い、高く売ることで超過利益を得る投資手法の代表である。しかし、市場が効率的であれば超過収益を得るのはなかなか難しい。そこで、非効率な市場に目を向け、確実に超過収益を得ようとする投資手法が絶対リターンである。

　債券や株式のように市場の平均収益率を上回ることを目標とした運用ならば、マイナスの収益率でも許されるかもしれない。市場の平均収益率がマイナスであれば、それよりもマイナスの幅が小さければよいからだ。しかし、それでは大学本体へ資金を流すには不都合である。

　絶対リターンは市場の変動を避けながら、確実に収益を得ようとする投資手法であり、いかなる場合もプラスの収益を目指すことからそう呼ばれている。具体的には企業合併裁定から超過利益を得るようなイベント・ドリブン戦略などがある。

　イェール大学基金ではこのタイプの投資手法を早い段階から確立し、収益の基盤としてきた。それゆえ、他の大学基金よりも高い収益率を生み出している。しかも、市場に連動するタイプではないので、株式等の投資対象と組み合わせることで分散化の効果が発揮できる。高い収益率を目指しながら、リスクの軽減化も果たしているのである。

　そのほかにオルタナティブの中でプライベートエクイティが高いウエイト

図表 5-13 イェール大学基金の保有資産の構成

		2000年度	2001年度	2002年度	2003年度	2004年度	2005年度
株式							
	国内株式	14.2	15.5	15.4	14.9	14.8	14.1
	外国株式	9.0	10.6	12.8	14.6	14.8	13.7
債券(%)		9.4	9.8	10.0	7.4	7.4	4.9
現金(%)		8.0	6.2	0.3	2.1	3.6	1.8
オルタナティブ							
	絶対リターン	19.5	22.9	26.6	25.1	26.1	25.7
	プライベートエクイティ	25.0	18.2	14.4	14.9	14.5	14.8
	実物資産	14.9	16.8	20.5	20.9	18.8	25.0
合計		100.0	100.0	100.0	99.9	100.0	100.0

		2006年度	2007年度	2008年度	2009年度	2010年度
株式						
	国内株式	11.6	11.0	10.1	7.5	7.0
	外国株式	14.6	14.1	15.2	9.8	9.9
債券(%)		3.8	4.0	4.0	4.0	4.0
現金(%)		2.5	1.8	▲3.9	▲1.9	0.3
オルタナティブ						
	絶対リターン	23.3	23.3	25.1	24.3	21.0
	プライベートエクイティ	16.4	18.6	20.2	24.3	30.3
	実物資産	27.8	27.2	29.3	32.0	27.5
合計		100.0	100.0	100.0	100.0	100.0

(注) 単位：%

を占めている。非上場の株式を保有することで、経営改善が功を奏した段階で売却し利益を上げる手法である。やはり、これも確実に高い収益率を狙っている。

　また、実物資産にも積極的に投資している。具体的には不動産、オイル＆ガス、森林投資等である。これらも市場と異なった動きをみせるので、超過収益を得る可能性が高く、しかも分散化の効果も期待できる。そのため、

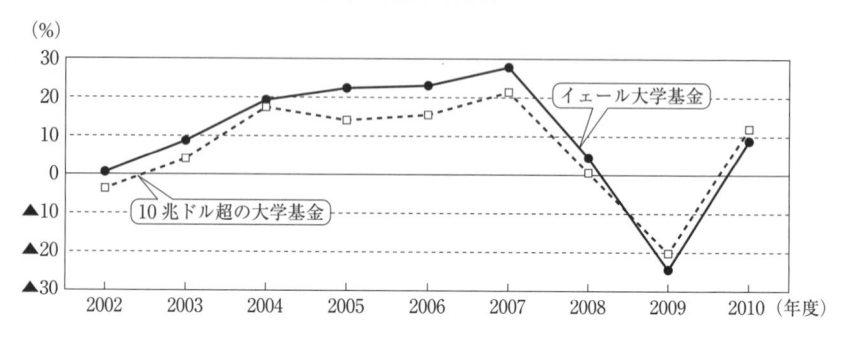

図表 5-14 イェール大学基金と 10 兆ドル超の大学基金の比較
―1 年間の収益率の比較―

運用資産の構成でウエイトが高くなっている。また、実物資産の価格そのものが上昇していることも、時価表示の影響からそのウエイトを高めている。

こうしてリスクにも配慮しながらも積極的な資産運用を繰り広げてきた結果、イェール大学基金は高い収益率を生み出してきた。実際、他の大学基金の運用成果を比較することからも、その事実は確認できる。**図表 5-14** はそのために描かれたものであり、イェール大学基金と米国の 10 兆ドル超の大学基金の運用成果が比較されている。

ここでは 1 年間の収益率の推移が 2002 年度から 2010 年度にかけて並べられている。2009 年度と 2010 年度はわずかにイェール大学基金が 10 兆ドル超の大学基金よりも運用成果が悪いが、この期間を除けば、すべての年度で上回っている。他の大学も積極的な資産運用を展開しているが、イェール大学基金はさらに独自の運用方針を貫くことで高い収益率を確保しているのである。

第5節　研究を支える堅固な資産運用体制

(1) 大学基金の存在

　いままで米国の大学基金について全体像そして個別ケースを通じて運用の特徴をみてきた。そこから得られた結論は長期かつ分散投資を実践することで、安定的で高い運用収益が得られるということであろう。

　しかも、規模が大きい大学基金ほど、この傾向が明確に現れている。保有資産間で分散化効果を発揮させるだけでなく、異時点間のリスクも打ち消し合うことで、ローリスク・ハイリターンという理想的な運用を目指している。

　こうした運用の実態を眺めることから、すぐにわが国の大学も米国をまねた資産運用を取り入れるべきだと考える人も多いように思われる。だが、ここで注意しなければならないのは米国の大学で資産運用を任されているのは大学基金であり、日本の大学と違って本体と切り離した組織のもとで運用が行われている点だ。

　しかも運用資金の多くは寄付金で成り立っている。わが国の大学も寄付金が存在するが、規模は小さく、予算に占める割合はわずかである。それに対して米国の大学では寄付金は必要不可欠な存在となっている。

　そのため大学を取り巻くさまざまなステークホルダーに向けて寄付金を積極的に募っている。もちろん、大学が教育・研究面で本来の使命を果たせば多くの寄付金が獲得できるが、残念なことに不本意なままであれば、寄付金はなかなか集まりにくい。

　集められた寄付金は大学基金で積極的に運用され、過去の年度の実績をみながら一定のルールに従って大学本体に流していく。その場合、運用成果がよければ一部の資金が大学基金に蓄積されるが、運用が悪化すれば大学基金から取り崩されていく。

　すでに指摘したように2009年度の米国の大学基金はほとんどが運用に苦

しみ、収益を生み出すどころか大幅な損失を発生させてしまった。それでも大学本体に一定の資金を流さなければならないため、運用資金の取り崩しで必要な資金を賄っていた。

こうしたバッファー機能があるからこそ、運用環境の変化に対しても資金がコンスタントに大学本体に流れ、大学経営を安定化させている。もし、この機能がなければ資産運用に依存した経営は難しいであろう。

長期分散投資が安定的かつ高収益を生み出すための条件であるが、それを実行するための大前提が本体から切り離した形を取る大学基金の存在である。わが国の大学ではそこまでの組織が確立していない。それゆえ、現段階では米国をまねた資産運用を試みるのはかえって大学経営そのものを不安定なものにする恐れがある。

(2) 研究大学を目指すための条件

それよりも資金源の寄付金そのものがわが国の大学に根づいていないため、積極的な資産運用は難しいであろう。資金使途が自由な寄付金であるからこそ、高い収益率を狙った運用が可能となる。ところが、わが国の大学は具体的に使用する目的が定まった資金を一時的に運用しているだけなので、もともと大胆な運用ができない状態にある。

また、米国とわが国では大学予算の中身が違っている。わが国の大学では授業料等納付金を柱にしながら予算が組まれている。そのため、学生の定員を満たせば経営はほぼ安泰といえる。

ところが、米国ではイェール大学の事例でも確認したように授業料収入は予算の一部に過ぎず、資産運用収入にかなりの割合で依存している。そのため資産運用に対する位置付けがわが国の大学とではまったく違っている。

こうした違いが生じるのはおそらく米国の大学、とりわけ研究大学が高度なリサーチに力点を置いているからであろう。新しい発見を追求する研究はかなりの費用が掛かり、学生からの授業料収入だけで賄うのは無理がある。

本来、授業料は教育に対する報酬として受け取るものであり、研究にそれを振り向けるわけにはいかない。

　それゆえ、研究大学ほど予算に占める資産運用収入のウエイトが高くなりつつある。そのことはまさに資産運用業務が新しい研究を推進する源泉になっていることを立証しているといえる。わが国の大学も研究志向型に向かうならば、いつまでも学生からの授業料収入だけに頼るわけにはいかない。米国と同様に活発な研究活動を支える重要な資金を資産運用に力を入れることで確保しなければならない。

　それを着実に実行していくには、まずは大学基金を設立するなど堅固な資産運用体制を築くことである。その基盤がない限り、積極的な資産運用は避けたほうがよいであろう。

第6章

私立大学の経営改善策

第1節　米国に学ぶ大学システムの改善策

　わが国の大学は米国に比べて、学生への教育活動も社会に向けた研究活動も見劣りすることが多い。このことは誰もが認識している事実である。それでは、なぜ日米の大学間にそのような格差が生じるのであろうか。その問いに明確に答えるのは難しいうえ、それぞれの立場からさまざまな回答が返ってくる。

　本書では単純に大学内部の組織構造に注目し、そこに根本的要因を追及してきた。日本の大学であれ米国の大学であれ、どちらも理事会と教授会が存在し、両者がうまく噛み合いながら運営されている。しかし、社会的ニーズを迅速かつ正確に吸収する仕組みがまったく違っている。

　日本では社会から距離を置くような閉鎖的体質の大学が目立つが、米国の大学は社会と密接なつながりを持つ傾向が強い。それは教育・研究活動が社会の動きに迅速に対応できる仕組みがさまざまな部門で取り入れられているからである。その仕組みとはエージェンシー・コストを引き下げるための諸制度であり、具体的にはユニークな大学経営のスタイルにある。

　わが国の大学ではエージェンシー・コストという概念そのものが希薄なので、専門知識を有する大学教員の発言をそのまま受け入れる機会が多い。しかし、米国では絶えず社会への反応をチェックする仕組みが大学内部に備わっているので、無駄な行為が阻止できるようになっている。

その代表的な仕組みはすでに第1章でも触れたように大学収入の分散化であり、学生からの授業料収入だけに頼らない構造にある。絶えず社会とのつながりを持ちながら大学を運営する必要性を認識しているので、外部資金が大きな収入源になっている。

　つまり、中央政府や地方自治体から獲得する研究費であり、また、あらゆる方面から獲得する寄付金である。このうち本書では寄付金に注目し、その資金を膨らます資産運用行動について観察してきた。

　だが、外部資金の導入だけがエージェンシー・コストを下げる手段ではない。米国の大学にはそれ以外にさまざまな工夫が至るところで凝らされている。そこで、これから日本の大学と比較しながら米国のユニークな制度を紹介したい。エージェンシー問題は大学教員の行動から誘発される場合が多いので、教員の雇用システムや管理システムの話が中心になる。

　なお、ここで注意しなければならないことがある。以下では「米国の大学」とか、「わが国の大学」といった表現が頻繁に用いられる。狭く解釈すれば、その国に属するすべての大学に共通した特徴となる。

　実際は主要な大学にみられる特徴として解釈してもらいたい。規模の大きさによって違う場合もあるからだ。あるいは一部の大学しか実行されていないかもしれない。それでも日本の大学からみて参考にすべき特徴だけを取り上げているので、それほど厳密に解釈する必要もないであろう。

(1) 任 期 制

　米国の大学では教員の雇用にあたって任期制を採用している。わが国でもこの制度に関心を示す大学が徐々に増えつつあるが、米国では昔から一般的に導入されている。任期制とは年数を前もって定めて雇用する方法である。例えば契約した5年間は雇用が確保されるが、それ以降は保証されない。更新される場合もあれば、切られる場合もある。

　それに対して日本では多くの大学が終身雇用制を採用している。しかも年

功序列の給与体系である。そのため一度採用されれば本人が自覚しない限り、教育・研究上の修正を受け入れる余地が少ない。しかし、米国のように任期制が導入されると、独りよがりの方針を貫くことは許されない。

絶えず世の中の変化を察知し、その動きを素早く組み入れるような教育・研究活動を大学内で展開しなければ、次の契約が結べなくなる。時代から取り残されたような価値のない活動を続けるわけにはいかない。任期制はまさに大学教員に刺激を与えることで、エージェンシー・コストを引き下げる役割を果たしている。

もちろん、一定の雇用期間がすみ、優秀な教員であることが認められれば、テニュア（終身雇用資格）が与えられる。これならば大学に弊害をもたらす可能性が低い。日本の制度を米国にそのまま当てはめれば、いきなりテニュアが与えられる特殊な雇用システムとなる。

(2) 内部出身者の原則禁止

わが国では長い歴史を有する大学ならば、所属する教員はその大学の出身者が多い。指導教員と学生の間で、「君を大学に残す」とか「大学に残る」といった会話がしばしば聞かれることからも推測できる。これは不思議な会話である。指導教員が大学の設置者でもなければ理事でもない。それにもかかわらず、担当科目の人事権を実質上、握っているかのような会話が行われているからだ。

指導教員にとって内部出身の学生を教員として採用することで、調和を重んじた人間関係が形成できてよいかもしれない。しかし、この流儀を続けていくと、学問の流れから逸脱する危険がある。指導教員が手掛けた初期の頃は先端的な研究であっても、学生が指導教員を尊敬するあまり同じアプローチを取り続ければ、研究の流れから引き離される恐れがあるからだ。

また、仕事上で疑問に感じることも弟子が先生に向かって発言するのはなかなか気が引ける。これでは大学が学問の場というよりも個別の人間関係を

形成する場になってしまう。米国ではこれらの弊害を知っているのであろう。原則として内部出身者の採用が禁止されているようである。ゼロではないが、日本に比較すればかなり低い割合である。

学問とはまったく別の次元から弟子を教員として採用しても意味がない。しかし、専門性があまりにも高く、周囲からはそれを客観的に判断する材料がないため、指導教員の発言で自動的に教員の採用を認めざるを得なくなる。これでは大学にとって損失である。

もし内部出身者の採用を禁止する規定があれば、指導教員は弟子である学生を出身大学以外でも通用するような指導を行わなければならない。そうでなければ学生が研究者として雇用されないだけでなく、指導した大学そのものも厳しい評価が下されるからだ。これにより指導教員は特殊な人間関係を維持するよりも、外部で評価される本来の行動に向かっていかざるを得なくなる。

(3) 9カ月分の給料

日本の会社員（サラリーマン）は月給が1年間にわたって支払われる。当然、大学教員も一定額の給料が1年間にわたって継続的に支払われる。ところが、米国の大学では教員に対する1年間の給与は9カ月分しか出ない。夏休みの3カ月分が出されない計算である。

夏休み期間中は授業がないので、給料を出す必要もないという理屈からなのであろう。だが、理由はそれだけでもなさそうだ。大学教員の関心をできるだけ外部に向ける仕組みとも解釈できる。

普段の研究成果を外の世界に活かすのは面倒なことである。そのまま大学の研究室に閉じ籠りがちになる。しかし、給料が出なければ研究成果を仕事に結びつけようと外に向かって動き始める。したがって、研究成果が大学だけに留まらず、社会にも活かせることになる。

また、研究よりも教育にウエイトを置く教員は夏休み期間中に実施される

サマースクールを担当すればよい。この期間に勉強に取り組む学生は目的意識も明確であり、教員は彼らの要求を叶えることにもなる。もちろん、給料が特別に出るので、安定した生活が続けられる。

いずれにせよ、給料が9カ月分しか支払われないシステムは大学教員自らが社会に向かって積極的に行動を取らざるを得ない仕組みであることに間違いないようである。

(4) 1科目ごとの授業料納付

わが国では履修する科目数に関わりなく授業料がまとめて納付される。卒業に必要な最低限の科目しか履修しない学生も、卒業単位を超えて多めに履修する学生も、1年間の授業料は同じである。

ところが、米国では履修科目ごとに授業料を納めるシステムを採用する大学がある。卒業単位数が決まっているので、合計すれば日本のようにまとめて支払っても、あるいは科目ごとに支払っても同じである。

しかし、教員の意識が違ってくる。科目ごとに授業料が納付されるシステムのもとでは、履修者数がそのまま担当する教員の売上として意識されるからである。履修者数が多ければ、それだけ大学の財政に貢献する。授業料の一括払いでは到底味わえない感覚である。

日本の大学では履修者数の少なさを自慢する教員を時折見かける。教育と研究を切り離せないまま、教員個人の特殊な研究をそのまま学部の授業で講義するために生じる現象である。だが、1科目ごとの授業料納付システムが導入されたら、たとえ教育と研究を混同した教員でもある程度の改善がみられるであろう。

なお、米国の大学では履修者数が前もって決めた数を下回ると、その科目が次年度から自動的に消えていく。学生からのニーズが少ないので仕方ない措置である。教員はそうならないためにも絶えず講義を改善する努力が要求される。

(5) 休講の禁止

　わが国の大学では休講掲示板が設置され、連日、かなりの科目数の休講が学生たちに伝達されている。いまでは学内のホームページを通じて休講の情報が伝わるようにもなっている。担当教員が突然の病気で休講になる場合もあれば、研究会や学会の参加で休講されたりもする。時には大学の校務や私用で休講になる場合もある。

　学生たちは事前に授業料を支払っているのだから、講義を受ける権利がある。それにもかかわらず、受講できないのは問題である。コンサートや観劇で休演が突然に発表されて怒らない客はいない。しかしながら、日本の大学は不思議なことに何も問題が起きず、休講が繰り返されている。

　一方、米国の大学では世間一般の常識に従い、休講は一切認められない。これは当然であろう。公務や私用の休講は論外であるが、大学教員も生身の体なので、病気にかかる場合もある。この時は代講を立てなければならない。病気で休むなら、ほかの教員がその時間の講義を受け持つのである。

　そのためには、普段から教科書に沿ってページを追うように講義を進める必要がある。米国では事前に具体的な授業計画（シラバス）を示すとともに、教科書も指定する方式が貫かれている。これならば突然の休講でも学生は授業の流れを外せずにスムーズに理解できる。もちろん、代講は止むを得ない場合のみの行為であり、休講ゼロが本来の在り方である。

(6) 紀要の撤廃

　大学教員は教育者であると同時に研究者でもある。そのため日本の大学では定期刊行物の紀要が存在し、そこに研究成果である論文が発表される。それにより研究が深まっていくと考えられている。だが、大学内部で発行される雑誌であるため、ほどんどが何も審査されずに掲載される。これでは切磋琢磨する研究姿勢とは程遠い雑誌になってしまう。

　米国ではこうした紀要が認められていない。ほかの研究者たちが集まって

編集される学会誌への投稿を促すようになっている。もちろん、学会誌に掲載されるには厳格な審査が必要である。審査制度があることで、質が保証されるとともに最新の研究を行う誘因が生み出されていく。

　紀要の廃止はそうした大学教員の研究への取り組み姿勢を強めるだけが目的ではない。大学の経費そのものを削減できる効果もある。わが国の大学では数種類もの紀要が刊行されている。そのための費用は無視できない金額に至っている。

　米国ではこの分の費用を削減し、他の活動に回している。例えば、大学内で学生向けの新聞が発行されるが、米国では1回の分量だけでなく、回数も多い。大学の教育・研究に関わる報告だけでなく、地域周辺の情報も詳細に載せることで、学生たちに有益な情報を提供している。やはり教員向けの紀要よりも質・量ともに充実した学内の情報誌を刊行するほうが好ましいように思える。

(7) 留学生を活かした外国語教育

　大学では教養課程の中に語学教育が組み込まれている。英語をはじめとしてドイツ語、フランス語、中国語などさまざまな外国語教科が並べられている。学生たちはこのうち複数科目を履修しなければならない。

　わが国では専任教員が中心となりながら語学教育を担当している。その人件費は大学予算の中でかなりの割合を占めている。しかも、彼らはもともと語学が専門というよりも、それに関連した領域の研究を行っているケースが多い。例えば、欧米の国々を対象にした人文や歴史を研究領域にした教員が語学を担当している。

　彼らは専門の言語をマスターしているが、一般の人々が求める語学教育とは違っているように感じる。もともと外国語会話が専門の教員でないため、会話の重要性をそれほど感じない傾向が強い。

　だが、グローバル経済の中で人々の外国語会話の必要性が年々高まりつつ

ある。それに合わせて会話を中心とした講義内容に切り替えていかなければ、学生たちの要求を満たすことができない。残念ながら、このギャップがいつまでも続いているのが日本の大学における語学教育の現状である。

ところが、米国の大学ではまったく対照的な語学教育を実践している。講義内容は会話が中心となり、担当する教員はネイティブ・スピーカー（その言語を母国語とする外国人）である。だから自然な外国語で学生に語りかける教育が展開される。

その場合、ネイティブ・スピーカーの外国人教員を見つけ出すのに苦労するように思われるかもしれない。しかし、この問題はその大学に所属する大学院の留学生が外国語科目を受け持つことで、見事に克服している。

留学生たちが母国語を自然にしゃべれるのは当たり前であり、ある程度の教養も身につけている。それゆえ、学部の学生に対して十分な会話力を提供できるうえ、その国の文化なども正確に伝えることができる。会話は一種のスポーツに似たところがある。学生たちにとって若い留学生との間で繰り広げられる会話のキャッチボールは魅力的に映るだろう。

また、留学生にとって大学の仕事は経済面で大変役立つ。外国での生活は厳しく、アルバイトに励めば本来の勉強ができなくなる。そうした中で大学での語学教育は金銭面でも魅力的なうえ、学問から懸け離れた仕事でもない。大学が一種の奨学金を留学生に与えているようにも感じる。

こうしてみていくと、留学生を活用した外国語教育は若い学部の学生にとっても、留学生にとっても好ましい制度である。しかも、人件費は専任教員を採用する場合よりもはるかに安くてすむ。いいことばかりである。

それにもかかわらず、わが国では資格審査という高い壁を大学内部に設けることで、昔ながらの人文や歴史関係の研究者を語学の教員として相変わらず採用している。彼らの就職は極めて難しく、大学の外国語科目が有力な雇用確保の場になっているからであろう。本末転倒の構図を変える努力も日本の大学に課された喫緊の課題である。

(8) 外国人教員の採用

　今日では国際化が叫ばれ、それに合わせて英語による大学での講義の必要性も叫ばれている。その場合、外国人教員が担当するのが最も好ましい。講義そのものの内容よりも英語によるコミュニケーションが大切であるからだ。すでに一部の大学では実践し、外部から高い評価を得ている。

　昔と異なり日本在住の外国人で専門知識を持つ人もかなり増えているうえ、外国から直接スカウトすることもそれほど難しくなくなっている。だから、あらゆる大学で実行可能と考えられる。

　外国人教員が増えることは単に学生たちにとって好ましいだけでなく、日本人教員たちにとっても刺激を受け、国際化の流れに沿った教育ならびに研究のスタイルが確立しやすくなる。日本の大学が世界に通用する大学に成長するためにも外国人教員の存在は大きい。

　米国の大学では外国人教員の割合がかなり高い。これは世界の国々から留学生だけでなく研究者も集まってくるからだ。これにより多くの研究成果が生み出されている。わが国のように学生に向けた国際化を促すことが目的ではないが、外国人教員の採用は大学にとって研究をはじめとする幅広い領域で刺激を与えているのは確かなようだ。

　しかし、日本の大学では外国人教員の採用はそれほど進んでいるようには思われない。過去に比べれば語学関連の科目を中心にしながら増えているが、それほど多くない。それは先ほども触れたが、米国をはじめとする諸外国の大学とわが国の大学では雇用の形態が違っているからだ。

　欧米では任期制が前提であるのに対して、わが国では終身雇用・年功序列の体制にある。最低限の仕事さえすれば、定年まで安定的に雇用が約束されるシステムは外国人からみれば夢のような世界である。それゆえ、エージェンシー・コストが日本人教員よりもかなり高まり、外国人教員の採用を望まなくなってしまうのである。

　もし国際化を目指し、外国人教員を積極的に採用するならば、まずは大学

の雇用形態を変えない限り、円滑な大学運営は難しいであろう。他方で、日本人教員は任期制を極端に嫌うので、落ち着く先は少数の外国人教員しか採用しないことになる。

　こうしてみていくと、国際化を進めるにあたって、雇用形態の違いが大きな障壁になっているのがわかる。

(9) トップダウン型の大学運営

　大学は世間一般のサラリーマンからみると、不思議な組織のように感じるかもしれない。なぜなら、教員たちが所属する学部の上司である学部長も、さらに全学の代表である学長も選挙によって選出されるからである。さらに彼らは自動的に大学経営の重要なポストである理事にもなるケースが多い。

　教育と研究を受け持つのが教員である。だから、教員から選出される学部長や学長は知の情報を発信する大学のリーダーとして適任であると判断される。確かに論理的には理にかなっているが、その一方で時代の変化を敏感に感じ取れる体制が選挙人の教員側に備わっているかが重要なポイントとなる。

　恐らく時代の変化を嫌い、過去のアプローチを踏襲したい気持ちのほうが大きいと思われる。そうなれば学部長や学長も同じタイプの人物が選出される危険が生じる。まさにボトムアップ型大学経営の弱点が露呈する結果となる。

　米国の大学ではリーダーが大学を強力に引っ張る体制ができているので、日本のように教員によってトップが揺り動かされることは少ないようである。つまり、トップダウン型大学経営が展開されている。

　変革を求める時代に突入した今日、過去の動きをいつまでも繰り返すわけにはいかない。絶えず時代の変化を嗅ぎ取り、実行に移していかなければならない。日本の大学はボトムアップの政治型モデルからトップダウンのビジネス型モデルに移行する時代に突入しているようだ。

第2節　大学システムの大転換

　米国の大学システムについてさまざまな角度から紹介してきたが、そのほかにも学ぶべき工夫が至るところでみられる。しかし、すべてをわが国の大学に導入するのはあまりにも危険な行為であり、大学経営をむしろ不安定にさせる。なぜなら、日本人の性格から馴染まないものもたくさんあるからだ。
　それでも、大学を効率的に動かす基本システムの変更は是非とも検討すべき課題であろう。以下では米国の大学を参考にしながら、その基本システムをいくつか紹介したい。わが国からみれば大学運営の在り方が根本から異なっているので、大学システムの大転換と呼べるかもしれない。

(1) 大学教員の分業化

　大学を運営するうえで教員が中心的な役割を果たしているのは事実であるが、全業務を請け負うのは難しい。教員の仕事と理事・職員の仕事は別であり、分業体制をしっかりと構築しておかなければならない。その認識が欠けると、大学は非効率な組織のままで放置され、破綻の危機を迎える恐れがある。
　ところが、わが国の大学ではそのことが十分に認識されていないようである。なぜなら、教員が大学のあらゆる仕事を行う傾向が強いからだ。むしろ、こうしたスタンスが本来の大学運営の在り方であると固く信じている関係者のほうが多い。しかし、大学間の競争が激しさを増し、同時に社会の大学に対する要求が高まるにつれて、このタイプの運営はやがて行き詰まり、大幅な修正を余儀なくされるであろう。
　教員の仕事を大雑把にわけると、教育・研究・学内運営の3種類が挙げられる。このうち教育に熱心に取り組みながら、研究も行う姿は誰もが抱く大学教員のイメージに近い。そのほかに学内のさまざまな業務も行っている。

教務関連の仕事を中心にしながら学生に関わるあらゆる業務を受け持っている。さらに、大学経営の根幹に関わる重要な仕事も大学教員が担当しているケースが多い。

　昔のようにのどかな時代ならば、教員が3つの仕事を同時に受け持っても学生や社会からの要求に十分に応えられたかもしれない。しかし、今日のように目まぐるしく変化する時代ではかなり難しい。それぞれの業務を分業体制に切り替えていかなければ、中途半端なサービスしか提供できなくなる。

　ところが、わが国では研究に裏づけられた専門知識を学生に向けて教育する方針が強い。そのため、教員は教育を行いながら研究も行うスタイルを踏襲している。だが、教育能力と研究能力は必ずしも一致するわけではなく、どちらかにウエイトを置いたほうが効率性という点で優れている。米国の大学ではそのことを十分に認識しているようで、日本に比べれば大学教員の分業体制が整備されている。

　いま述べた大学教員の仕事を日本型と米国型にわけながらイメージ図で描くと、**図表6-1**のように示せる。つまり、日本型の大学教員では教育・研究・運営の3種類の業務をすべて請け負っているので、ひとつの円に収まっている。それに対して米国型の大学教員は基本的に分業体制のもとで仕事が行われるので、重なり合う部分もあるが、3つの円が離れたような状態で描かれている。

図表6-1　日米における大学教員のイメージ

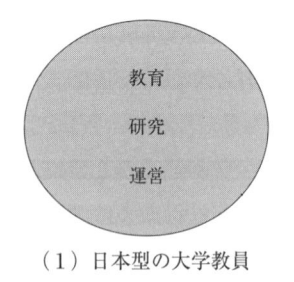

（1）日本型の大学教員　　　　　（2）米国型の大学教員

教育効果を上げるには学生のレベルに応じた教育を実践しなければならない。それにはかなりの準備が必要であり、教育専門の教員がその仕事を請け負わなければよい結果が出せない。一方、研究活動は教育とは別次元の専門性が要求され、研究成果を出すには絶えず専門領域の新しいテーマを追っていかなければならない。

　わが国では大学教員に教育と研究をほぼ均等に割り当てているが、このやり方を改めなければ米国をはじめとする諸外国の大学からますます遅れを取る。やはり、教員の能力を客観的に判断し、どちらかの仕事にウエイトを置くメリハリのある体制を整備しなければならない。

　だが、そうした教育と研究の分離体制よりも日本の大学にとって改革が必要なのは教員による大学運営への関与である。多くの大学では学部長が自動的に理事になるので、学部長を選出する教授会は理事会もコントロール可能となる。結局、教授会の構成員である一般の教員が選挙を通じて理事会の運営に影響をもたらす仕組みができ上がっている。

　教育と研究を請け負っているのが大学教員なので、大学の方向性を決定づける理事会に関与するのは当然であると考えられている。しかし、大学を取り巻く環境が激変する時代に教員は本当に変化を敏感に嗅ぎ取れるのであろうか。年々、多くの時間が教育と研究に費やされる中で、大学経営に関わる重要な判断を的確に下せるのであろうか。

　やはり、大学運営も専門の経営者が担当すべきであり、教員は教育や研究に専念すべきである。そもそも選挙で重要なポストを決定づける手法は大学を本当に正しい方向へ導けるのであろうか。

　大学の規模によっても異なるが、1割弱の特定の教員が積極的に発言し、彼らによって教授会の運営が実質的に進められていく。選挙でも活躍し、多くの票をまとめ上げていく。だから、学部長も学長も同じような構図で選出される。

　もちろん、有力な一部の教員が将来の方向性を正しく見抜く人物ならば、

納得のゆく適切な手法である。また、大学運営について考える余裕のない教員にとっても、教育と研究に専念できるので好ましい方法である。

　しかし、実際は時代の変化を敏感に反映するのが難しいシステムであろう。なぜなら、選挙を通じて重要なポストが決定づけられるので、教員の要望を受け入れる姿勢のほうが強まるからだ。その結果、教員負担の軽減や実質的給与の引き上げといった方向に最大の関心が向かい、大学本来の使命を見失うばかりか、外部の動きにも鈍感になってしまう。

　特に主要私立大学では教員組合の高い組織率を背景にしながら教授会を引っ張る構図ができあがっている。そのため、教員の労働条件改善を目指す動きのほうが強まり、行き過ぎた場合、本末転倒の経営に陥る危険性を孕んでいる。

　このようにみていくと、教員の平等主義を大前提とした選挙制度は大学のエージェンシー・コストを高める温床になりかねない。これでは迅速かつ正しい大学経営を続けるのが難しく、変化する時代の要求には応えられない。

　教員が教育や研究のほかに大学運営まで関わること自体に無理があるように感じる。やはり、このシステムを根本から変えない限り、真の大学改革は実現できないと思われる。

(2) 学部の運営

　総合大学では複数の学部を抱えながら、教育ならびに研究活動が展開されている。わが国では学部間の特色が打ち出されながらも、資金面では平等主義が貫かれている。典型的な事例として学部の違いに関わらず均一な授業料が挙げられる。もちろん、文化系と理科系の学部でははっきりとした差がみられるが、同じ系統の学部であれば授業料もほぼ同じである。

　こうした授業料の価格設定は一般の人からみれば、なかなか理解しがたい。学部ごとに掛かる費用が違うので、授業料も異なると考えるほうが自然であるからだ。

例えば、大教室を利用しながら講義が行える学部は教員の人件費が削減できるので、授業料も安くできる。それに対して少人数教育を強調する学部ならば人件費の上昇から授業料を高くしなければ運営できない。ところが、ほとんどの大学が学部に関わりなくほぼ同じ授業料である。

このシステムのもとでは一方の学部が他方の学部に資金援助していることになる。つまり、大教室で費用を抑えている学部から少人数教育の学部に向けて資金援助していると解釈できる。これは不公平な制度であり、容認できない。しかし、どの大学もこのシステムを実践している。

最近では一般常識が大学経営にも徐々に影響し始めたせいか、授業料は学部間で異なりつつある。だが、その差は依然としてそれほど大きくないのが実態である。

こうした授業料は大学収入としてひとつに集められ、学生数に合わせて学部ごとに割り当てていく。そこにはビジネスとはまったく無縁の平等主義が貫かれている。なぜ、こうした考え方が大学経営に浸透しているのであろうか。

それは政治型組織の教授会が理事会に大きな影響力を持っているからであろう。一人一票という政治型平等主義が根底にあるので、学生の授業料に対しても格差を設けるのは好ましくない行為のようにみえるのである。まるで、ある種の信仰に近い考え方である。

わが国の大学では政治型システムを大前提に運営されているせいか、ビジネス型システムを毛嫌いする性格が強い。だから授業料もほぼ均一であることに違和感がない。ただ、授業料以外の収入が学部予算の中で大きな割合を占めるようになれば、そうした問題は和らぐかもしれない。なぜなら、授業料に差が出なくてもそれ以外の収入が外部資金として大量に流入すれば、学部間の違いが直接反映されるからだ。

わが国では主として授業料収入に依存した運営なので外部資金はほとんど影響しないが、米国ではまったく違っている。**図表6-2**はそのことを知る

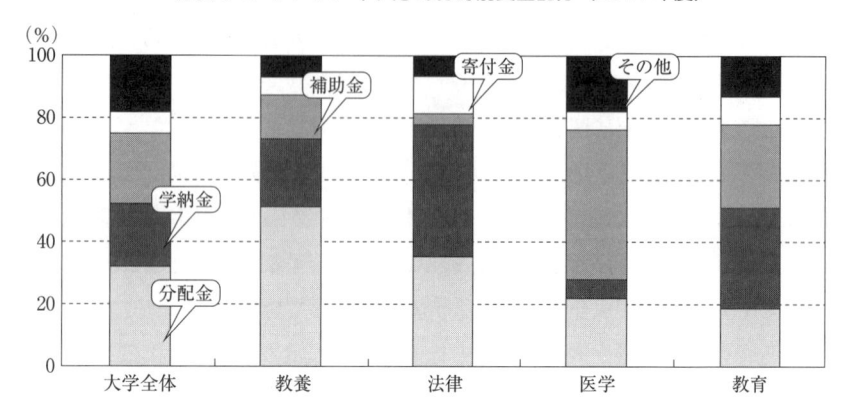

図表6-2 ハーバード大学の分野別資金配分（2011年度）

　ため、ハーバード大学（2011年度）を取り上げながら分野ごとの資金配分をグラフで描いたものである。大学全体と4学部を対象としながら、資金調達先の割合を分配金、学納金、補助金、寄付金、その他の5種類にわけている。

　この図からもわかるように平等主義とは無縁の資金配分を実践している。学生からの学納金はいうまでもなく、大学基金からの分配金、政府や自治体からの補助金、そして寄付金も学部ごとに違っている。大学本体が力点を置く学部に資金を多めに配分すると同時に、学部独自の行動からも資金配分の差が生じている。

　それぞれの学部がすべて均一に社会から評価されているわけではなく、時代とともに伸びていく学部と凋落する学部にわかれていくのが自然な姿である。予算の配分はまさに変化する学部運営を反映している。それと同時に変化を促すシグナルにもなっている。米国の大学ではそのことを十分に認識しているからこそ、学部予算にメリハリをつけていると思われる。

　こうした資金調達面においても日米間に大きな相違がみられるが、この資金を有効に使うシステムが存在しなければまったく意味がない。大学では教育と研究を担う大学教員が資金の利用を決定づける。それゆえ、大学運営に

おいてどのような教員が大学に採用されるかは極めて重要である。

　学部の代表である学部長はリーダーシップを発揮して学部運営に当たらなければならない。そうでなければ資金も有効に利用できない。ところが、わが国の学部長は学部運営で重要な教員の人事権をほとんど持たないのが実態である。

　例えば、新規教員を採用する場合、担当科目の教員が実質的に人事権を握り、それを教授会で承認させる方式が採られている。そこには学部長の意向がまったく反映されない。

　担当教員が正しい方向性を把握していれば問題ないが、判断を誤ってしまえば時代に合わないタイプの教員がいつまでも採用されてしまう。

　また、採用された後も学部長は教員を指導するのが難しい。なぜなら、わが国では専門領域が異なれば、口を挟めない独特の世界が確立されているからである。だが、米国では違っているようだ。学部長は教員に対して明確な権限を持っているからだ。

　米国の大学では最後の授業日にアンケート調査を必ず行い、学生からの評価が低い教員に対して学部長は来期の雇用契約を見直せる。契約が解除されないためにも教員は学生を意識した講義を行う。それゆえ、アンケート調査は教員に規律づけを与える重要な手段になっている。

　日本でもアンケート調査を実施するようになったが、あくまでも担当教員が自己反省するためのものに過ぎない。学部長は調査の事務作業に関わるだけで、人事にはまったく触れない。これではアンケート調査の意味が薄れる。あくまでも人事に絡めて実施されなければ効果はない。

　このように学部長の人事権だけを取り上げても日米間で大きな相違がある。特に米国では教員組織をどれだけ有効に機能させるかという人事管理の取り組みに関心がある。そのことが学部長の役割にも強く表れているのであろう。

(3) 入試制度

　大学に入学するには、まず独自の選考考査があり、それにパスしなければならない。わが国ではペーパーテストによる入学試験が一般的な方法である。指定された受験科目の総合得点を競い合い、上位から数えて定員を満たすところで合否を決定する手法である。

　例えば3科目受験で各科目100点が課されていれば、300点満点となる。高得点の受験生から1点刻みで並べ、合否のラインを250点と定めれば、この点数以上の受験生が合格で、それ未満の受験生が不合格となる。

　大学受験だけでなく、高校受験でも中学受験でも、試験と呼ばれる方法はこうしたペーパーテストによって合否が判断される。このやり方は受験生の学力を測る最も優れた手法であると考えられている。

　しかも、わが国では入学後の学業よりも入学試験の選抜そのものに大きな価値を見出す傾向が強い。一種のシグナリング効果が期待されているのである。しかし、これは行き過ぎた考え方のようにみえる。入学試験はあくまでも受験生が大学で十分に学問を修得できるか否かを推し量るためのツールに過ぎず、入学してから真剣に学問に取り組まなければまったく意味がないからだ。

　ここで誰もが感じることだが、本当に大学での選考考査はペーパーテストによる1点刻みの採点だけで判断していいのだろうか。合格点をわずかでも下回れば、残念ながら不合格となる。しかし、合格点を少しだけ上回った受験生と比較して、学力的にはほとんど変わらず、入学しても大学の講義内容を十分に消化できるであろう。

　学生の中には入学時に補欠合格であったにもかかわらず、4年後には上位で卒業する学生をみかける。学生自身による努力の成果として解釈すべきだろうが、その一方で、大学の選考考査がもともと1点刻みのペーパーテストのみで判断すべきでないことを証明しているとも解釈できる。

　多くの大学で実施される入学試験の問題を冷静に分析すると、それほど入

学後の学業内容と一致しているわけではない。また、問題作成者は公表されないが、彼らが十分に大学のカリキュラムに沿って緻密に入学試験を作成しているようにも感じられない。本来、彼らは入試問題作成が専門の仕事でないので無理がある。最近、入試問題のミスが受験生から頻繁に指摘されるが、杜撰な問題作成はまさにそのことを象徴している。

　いくつもの問題点を抱えながらもペーパーテストによる選考考査は信頼され、同じスタイルの入学試験が繰り返されている。だが、やはり１点を争う入学試験制度を守り通すのは無理がある。

　何よりも入学試験を実施するのに大学はかなりの費用を掛けている。入学試験に関わる直接の費用も大きいが、とりわけ入試問題作成に多くの時間を費やすため、本業の教育と研究が疎かになるという目にみえない機会費用も生じる。むしろ、この費用のほうが大学運営にとって痛いであろう。

　いまでは推薦入試も行われるようになり、これらの弊害を除去しようとしている。しかし、学力を正しく判断できないという批判が強く、ペーパーテストの選考考査に完全に変わる制度には至っていない。むしろ、入学試験の補助手段としてしか位置付けられていない。

　それに対して米国の大学ではわが国のセンター試験に相当する共通テスト（SATとACT）を用いて学力を測っている。全米で行うテストなので個別の大学にとって入試問題をわざわざ作成する手間が完全に省かれる。しかも複数回にわたって受験できるうえ、最高得点だけを提出すればよいので受験生にとって納得できる仕組みである。

　ただ、共通テストの点数だけで入学の合否が決定づけられるならば、あまり有効な選考考査とはいえない。米国ではそのほかに志望動機が書かれた書類、高校の成績や推薦書等を提出させ、これらのデータから総合的に合否を判断している。

　このほうが入学後の学習能力を客観的に判断できるうえ、次年度に再び入学試験に取り組む浪人も発生しにくくなる。また、志望動機や推薦書も加わ

るので本人の入学意欲も判断できる。これにより不本意入学という双方にとって不満な現象も解消できる。

　日本の大学では教員の担当する重要な業務として入試が置かれている。そのために入試担当者の中には1年間をこの業務に忙殺され、本来の研究活動が疎かになる教員も出てくる。しかし、米国では入試の選考方法からも明らかなように事務作業が中心であり、職員の仕事である。これにより大学教員は本業に打ち込める。

　ここでは入学試験の合否が一種のシグナリング効果を発揮するわけではない。あくまでも入学後に十分な力を発揮できるかどうかを判断する材料に過ぎない。だから、入学後は必死に勉強し、既定の条件を満たし、卒業しなければ意味がない。

　わが国では入学することに価値を見出す人が多いせいか、家族中が子供の入学を祝い、入学式が年々華やかになっている。だが、米国では入学よりも、むしろ卒業することに意義がある。それゆえ、入学式はなく、その分だけ卒業式を盛大に行う。まさに入学試験の内容に見合った方法を貫いている。

　わが国の大学では入試方法を巡る改革がさまざまな角度から論じられているが、なかなか変化を促すまでには至っていない。しかし、受験者数が減り続ければ、従来のやり方も変更を余儀なくされる。その時、こうした米国流の入試方法について真剣に検討し始めるであろう。

(4) 大学院の在り方

　主要な大学では学部のほかに大学院も設置している。大学院は2年制の修士課程と3年制の博士課程から構成されている。特に修士・博士課程の5年間にわたって学ぶコースは大学教員の育成を目的に設置されているケースが多い。実際、大学教員の履歴をみると、修士課程を修了した後、博士課程に進んでいる教員がほとんどである。

　わが国では大学進学率の上昇を背景にしながら大学の学部とともに大学院

の数も増大傾向にあり、大学教員を目指す院生も増え続けている。彼らを吸収する最も安易な方法は院生が所属する大学へそのまま就職させることである。

指導教員も他の大学への就職を探す手間も省けるうえ、すでに学生の能力も性格も熟知しているので不安も取り除ける。こうした条件が重なりあって、わが国の主要大学では大学教員の内部出身者比率が高いように思われる。

院生が少なかった初期の頃ならば、こうしたやり方でもよかったかもしれない。しかし、院生が増えるにつれて自校だけで吸収するのは無理がある。そこで、新規に大学を設置することで、この問題を解消しようとしている。そうすれば大学院で育成した院生を教員として就職させることができる。

どのような国であれ、経済が成熟するにつれて学問に関心を抱く若者は増えていく。それとともに大学院に進学する学生も増え続け、彼らを吸収するための大学も増設されていく。これは自然な姿である。しかし、必要以上に大学が作られるのは好ましいことではない。

需要に見合うだけの大学に留めておけばよいのだが、大学設立の勢いのほうが勝り、超過供給の状態にあるのがわが国の現状である。まさに定員割れ私立大学が5割近くまで達している状況がそのことを端的に示している。

図表6-3はいま説明した大学市場の変遷を簡単な需給曲線で描いたものである。まず、初期の頃は大学に対する需要曲線と供給曲線（1）から学生数が決定づけられる。ただし、授業料は調整手段とされず、固定化されたままなので、この場合、超過需要の状態（A点～B点）が発生し、ショートサイドのA点で学生数が決定される。

大学進学が過熱した頃は確かに超過需要の状態が続いたが、一方で大学院が次々と設置され教員候補者が大量に育成されるにつれて大学の数も増えていった。この図で表現すると、供給曲線（1）が右にシフトし、供給曲線（2）によって決定されるケースである。

供給曲線が授業料固定のもとで大きく右へシフトしているので、超過供給

図表 6-3　大学市場の変遷
—供給曲線のシフトと定員割れ現象—

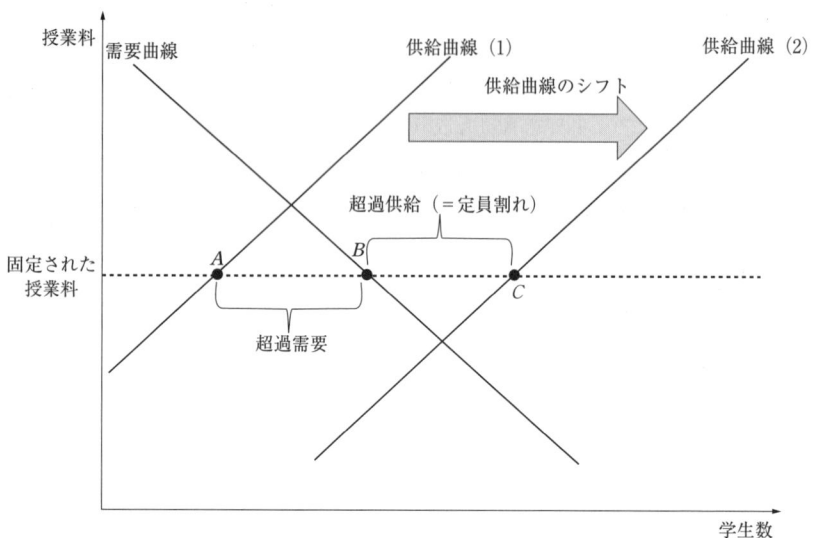

（図：縦軸「授業料」、横軸「学生数」。需要曲線と供給曲線(1)・供給曲線(2)が描かれ、固定された授業料の水平線上にA点、B点、C点が示されている。A点〜B点は超過需要、B点〜C点は超過供給（＝定員割れ）。供給曲線は(1)から(2)へシフト。）

の状態（B 点〜C 点）が発生している。ここでは学生数が B 点で決定され、大学の定員である C 点を下回ることになる。まさに定員割れの状態である。

　こうして振り返ってみると、大学が次々と設立されたことで定員割れの現象が発生した。大学設立の動機はさまざまな要因が挙げられるが、やはり大学院を卒業した院生たちを吸収する手段としての要因が大きいと思われる。

　それでも大学への就職は難しく、大学院を卒業した後も無職の状態で研究活動を続けるポストドクターは増え続けている。何年も待ち続け、ようやく大学に就職できる者もいるが、多くは定職につけずにいるケースのほうが圧倒的に多い。研究者養成を目指す大学院教育の将来はますます暗くなる。

　それでは、どうすれば問題が解消できるのであろうか。それは院生に対して研究中心の指導だけを行うのではなく、彼らを大学以外の職種に対しても積極的に売り込むしか解決策はないであろう。大学院担当の教員は大学から外に出て、研究が活かせる職場を見つけ、院生に紹介すべきである。

外に目を向けようとしないのがわが国の大学である。これでは大学院教育そのものも停滞してしまう。研究を活かせる場は大学以外にも多いはずである。その領域を掘り起こし院生を就職させるように努力すべきである。

　そうした中で最近の大学院にもわずかながら変化がみられ、修士課程を充実させることで研究者養成から徐々に離れた方向に歩み始めている。2年間の修士課程修了後は学部の学生と同じようにさまざまな就職先に向かっていく。ここでは研究者を目指すのではなく、専門知識を得るのが目的であるからだ。

　なかには国家試験が一部免除される制度に魅力を感じ、資格取得を目指す学生も修士課程に入学してくる。いずれにせよ、従来の大学院とは異なり、研究者育成を目的とするものではない。

　それにもかかわらず、大学院の修士課程では相変わらず論文作成を必修としている。論文作成はあくまでも研究者養成のための鍛錬であり、専門知識の吸収を目的とする学生にとって本当に必要かどうか曖昧である。恐らく修士課程修了後、彼らは論文を書く機会はないであろう。論文指導するだけの時間があれば、その分だけ院生向けの講義をしっかりと行うべきである。

　院生のニーズが反映されない論文作成指導は教員側の強い要望から行われているようにも解釈できる。博士課程までつながる大学院という括りの中で従来の研究重視の教育システムを貫こうとしているからだ。研究だけに専念したい大学教員の要望が強く反映した結果かもしれない。

　ポストドクターの問題も基本的にはこうした研究だけに没頭したがる大学教員の行動が災いしているようにも感じる。研究指導を行いながらも、就職活動を手助けする体制が整備されていないために院生の失業問題が発生している。やはり教員の意識改革が必要である。

第3節　終わりに―斬新な大学活性化策―

　本書を終えるにあたって、さらに踏み込んだ斬新な大学活性化策を提言したい。これから紹介する具体策がすぐに採用されるとは到底思えないが、世間の大学に対する見方が厳しさを増すにつれて実現の可能性が高まってくると信じている。
　以下では瑣末な大学業務の改善策から大学経営の本質に迫る方策まであらゆる角度から提言がまとめられている。大学関係者の間で検討してもらえれば、わが国の大学がさらに発展していくと期待している。アイデアだけを簡単に紹介したい。

(1) 昼休みの廃止

　大学では昼休みの時間を設けている。だいたい正午から1時間ぐらいを昼休みとし、学生たちは食堂で昼食をすませ、午後の授業に向かっていく。一斉に食堂に殺到するため、すぐに満員になり、いつも落ちつかない食事になってしまう。
　しかし、昼の時間帯以外はまったく閑散としている。広い食堂にわずかな学生がいるだけである。もっと効率的に食堂を利用する方法はないのであろうか。その問題を解消する有効な方法は昼休みの時間をなくし、その時間帯も講義を組み入れることである。
　わざわざ昼休みの時間を設けるからこそ、学生が一斉に食堂に向かう。それがなければ午前や午後の履修しない時間帯に食事をすませばいいだけである。そうすれば現在のような混雑を解消できる。
　もちろん、昼休みの時間は食事だけでなく、学生同士のコミュニケーションのためにも設けられている。だが、それは他の時間でも十分に活かされる。昼休みだけに限定する必要もないように思える。

また、昼休みの廃止は食堂の混雑現象を緩和するだけが目的ではない。ほかにもメリットがある。今日の大学生は親からの仕送りだけでは生活が難しく、アルバイトを行う学生がほとんどである。仕事は夕方から行われるケースが多い。もし昼休みを廃止し、授業が前倒しで受けられるようになれば、その時間だけアルバイトに費やせる。十分な生活資金を確保したい学生にとってアルバイトが早めに始められる体制は歓迎されるに違いない。
　さらに教室の有効利用という点でもメリットが大きい。昼休みの時間帯は教室が使われないままだが、昼休みが廃止されれば、その分だけ多くの授業が行える。これにより教室不足問題もある程度解消されるであろう。

(2) 早朝会議の実施

　わが国の大学は驚くほど会議が多く、しかも時間が長い。世間一般では本業の仕事を効率的に進めるための止むを得ない手段として会議が行われるが、大学では会議そのものに意義を感じるような教員もいる。そのため、教育と研究という本来の仕事から離れた領域まで議論が及んだり、あるいは教員独自の世界観が繰り返し唱えられることも多い。
　教員組織の代表的会議である教授会では教育と研究を飛び越えて、大学経営そのものへの批判が展開されたりもする。その姿はまさに国会の予算委員会に似ている。予算委員会は予算に関わる問題を扱うのが建前だが、すべての領域に広げて議論されているからだ。
　では、なぜ大学は会議の回数が多いうえ、時間も長くなるのであろうか。それは会議に参加する教員に直接指導する上司がいないうえ、具体的な成果がすぐに問われないからであろう。しかも、わが国の場合は終身雇用で年功序列の賃金が保証されている。だから、周囲に配慮することなく、独自の発想から自由に発言できる。
　こうした特殊な環境は大学の使命である自由な研究活動を進めていくうえで必要不可欠な条件であると考えられている。束縛されない環境でない限り、

新しい発見は難しい。しかし、大学業務を円滑に進めるために行われる日常的な会議は性格がまったく異なる。やはり、効率的な方法を探る必要がある。

　米国では任期制が取り入れられているので、恐らく無駄な議論はある程度排除できると思われる。現実から遊離した非常識な発言を執拗に繰り返せば、自分自身に対する評価が下がるからだ。しかし、わが国では人事制度がまったく違っているので、改善される見込みが薄い。だからといって一気に米国流に変更するのもかなりの抵抗がある。

　そこで、早朝会議はいかがであろうか。午前7時から授業開始の時間までを会議に充てるのである。早朝は辛いかもしれないが、講義が控えているので無意味な発言は許されない。長々と演説する教員や揚げ足取りを繰り返す教員もいなくなり、無駄が省けた効率的な会議が行える。

　効率性を追求するだけならば会議室から椅子を排除し、立ったままで行う方法なども考えられる。しかし、早朝会議はそのほかに教室の有効利用にも役立つ。大学では会議が定まった曜日の時間帯に行われるので、その間は講義ができなくなる。一部の非常勤講師だけがその時間帯に講義を行うが、多くの教室は利用されないままの状態である。

　これは望ましいことではない。早朝会議が実施されれば、その時間を講義に充てられる。大学ではしばしば教室不足が叫ばれながらも、会議の時間帯には多くの教室が空いている。こうした問題は早朝会議の実施で解消できよう。

(3) 結婚課の設立

　大学には学生の就職活動を手助けする就職課が設けられている。昔は教育と切り離していたので、就職は個人の問題として捉える傾向にあった。ところが、現在はまったく違い、就職活動は大学が積極的に取り組むべき業務になっている。

　しかも、就職率は大学にとって重要な経営指標となり、この比率が低い大

学は学生が集まりにくくなっている。このように学生に向けた就職対策は時代とともに様変わりの様相を呈している。この動きをみていると、将来に向けて大学は結婚課を設立してもよいのではないかと思うようになる。

わが国では少子高齢化が日本経済の成長を妨げ、さまざまな領域で活気を失わせつつある。その元凶は晩婚化・未婚化にあり、最近では日本の人口そのものも減少するまでに至っている。これは日本だけでなく、先進国共通の悩みでもある。

若者が結婚に踏み切れないのはさまざまな問題が影響しているが、その中で大学進学率の上昇が大きな要因として挙げられる。なぜなら、高等教育は結婚を受け入れるのに時間を要したり、あるいは拒否する性格があるからだ。実際、大学教員の晩婚化・未婚化は他の職業と比較してかなり進んでいる。

こうした深刻な状況を打破するために大学はある程度の貢献をしてもよいのではないだろうか。大学には多くの若者が入学し、そして卒業していく。就職して余裕がでてきた頃に結婚も考え始めるであろう。その時、出身大学の結婚課を訪れ、卒業生の登録データから結婚の対象として見込まれる人物を紹介してもらう。もちろん、他大学との連携を深めることで、さらに理想の出会いが実現できる。

世間では就活（＝就職活動）だけでなく婚活（＝結婚活動）も盛んに騒がれている。大学も世の中の流れに沿って動いていくべきである。その時、就職課と同様に結婚課が大学で重要な位置を占める業務になっていると思われる。

大学は現在の学生だけを対象にするのではなく、卒業後も何らかの形で彼らへの手助けが必要である。いまでは労働市場が流動化する中で転職する卒業生に対しても、大学の就職課は情報を提供している。同じように新しいセクションを設けることで、結婚情報を卒業生に提供しても不思議ではないであろう。

(4) クォーター制の導入

　わが国の大学は一般的に1年1学期制に基づいて授業が行われている。1科目を履修するのに1年間を要するシステムである。ところが、米国ではセメスター制やクォーター制のもとでカリキュラムが組まれている。

　セメスター制とは1年2学期制であり、1科目の履修を半年で終わらせる方式をいう。それに対してクォーター制は1年4学期制であり、1科目の履修を3カ月で終わらせる。

　ひとつの教科を集中的に学ぼうとするのが米国流の授業スタイルである。1科目を履修するのにわが国よりも2倍、あるいは4倍の速さで進んでいく計算になる。確かに大学の教科は集中的に学んだほうが学習効果が上がるかもしれない。

　だが、セメスター制やクォーター制のメリットは短期集中型のカリキュラムよりも、1年間を2つあるいは4つに区切る学期制そのものにある。このほうが学生にとって利便性が一層高まるからだ。

　例えば、わが国では卒業式は1年に1回だけである。もし単位不足から卒業できなければ、さらに1年を費やさなければならない。しかし、複数回にわたって卒業のチャンスがある米国の大学では、わざわざ1年という無駄な時間を掛けずに短期間で卒業できる。

　わが国も1年複数学期のシステムを取り入れるべきである。できれば四季に合わせたクォーター制のほうが好ましいであろう。1年間を春学期、夏学期、秋学期、冬学期の4学期に区切れば、学生にとってメリハリがつくだけでなく、大学をもっと利用しやすくなる。

　卒業だけでなく、入学もクォーター制のもとでは1年間に4回のチャンスが生まれる。国際化の流れの中で多くの留学生を受け入れるためにも、クォーター制は便利なシステムである。そのほかにも夏学期を有効に活かすメリットもある。

　夏は暑いので勉強に集中できず、夏休みが設けられている。だが、夏休み

でも講義を受けたい学生がいる。勉強好きな学生だけでなく、春学期に遅れが生じた学生や、あるいは飛び級が可能ならば早く卒業したい学生も夏休みを返上して履修するであろう。クォーター制は学生たちにとって好都合な履修制度である。

一方、大学教員にとっても都合のよい制度である。研究にウエイトを置く教員ならば夏学期を休みにして研究だけに充てられる。休講なしで学会にも出張できるので、学生に迷惑を掛けずにすむ。逆に教育にウエイトを置く教員ならば、夏休み期間中も講義を行えばよい。その分だけ報酬が得られるので教育へのインセンティブも生じる。

また、夏学期が実施されれば校舎も有効に利用できる。大学の経営資源を活用するためにもクォーター制は興味深いシステムである。

そのほかにも大学を変える方策がいろいろと挙げられるが、基本的には大学が抱えるヒト、モノ、カネをどのように有効活用するかにある。そのためには制度そのものを変えなければ経営資源を有効に動かすことはできない。

米国を基準に置きながら日本の大学を眺めると、無駄に感じられるところが多い。それを解消するには経営システムを根本的に改善するのが一番である。そうした意識が芽生えれば教育プログラムや教員人事制度をはじめとして、資産運用に至るまで一気に改革の動きが強まっていく。そのことを期待したい。

参 考 文 献

- 荒木充衛「米国大学寄付基金とイェール大学の資産運用」『Fund Management』2009年春季号
- 稲見和典「資産運用における新たなリスク管理――米国大学基金の運用実態をふまえて」『日興コーディアル証券　レポート』　2006年5月
- 片山英治・神山哲也「米国の大学における資産運用の実態について」『資本市場クォータリー』（野村資本市場研究所）　2001年春
- 片山英治「米国の大学にみる資産運用」『知的資産創造』（野村資本市場研究所）2001年3月
- 小藤康夫「米国大学事情――米国アラバマ州オーバン大学における教育・研究活動」『専修大学社会科学研究所月報』No. 385　1995年7月
- 小藤康夫『大学経営の本質と財務分析』八千代出版　2009年10月
- 小藤康夫『世界経済危機下の資産運用行動』税務経理協会　2011年2月
- 小藤康夫「米国の大学基金による資産運用行動」『商学研究所報』（専修大学商学研究所）2012年6月
- 小藤康夫「私立大学の正しい運用利回りを求めて」『商学研究所報』（専修大学商学研究所）　2011年5月（同論文の要旨『証券経済学会年報』　2012年7月）
- 小藤康夫「日米における大学経営の比較――資産運用に焦点を当てて」『商学論集』（専修大学商学部）　2013年1月
- 小藤康夫「私立大学の正しい資産運用体制を求めて」『社会科学年報』（専修大学社会科学研究所）　2013年3月
- 島田俊郎編『システムダイナミックス入門』日科技連　1994年4月
- 中山勝博「第15章　コネティカット州 イェール大学」報告書『アメリカの大学の戦略計画』東京大学大学院教育学研究科 大学経営・政策コース　2010年10月
- 堀江康熙・有岡律子『テキスト金融論』新世社　2012年9月
- 松本憲洋「Ps Studioによる貯水池モデル」Posy Corp　2002年10月
- 横関寿寛「金融機関も見放す学費依存の『文科省護送船団』経営」『ZAITEN』2013年2月

（邦文・参考資料）
- 「大学　多様化する運用（上）」『日経金融新聞』　2006年11月2日
- 「大学　多様化する運用（下）」『日経金融新聞』　2006年11月7日

- 「証券、私大マネーに的」『日経金融新聞』 2006年12月7日
- 「大学　資産運用調査（上）」『日経金融新聞』 2007年1月31日
- 「大学　資産運用調査（中）」『日経金融新聞』 2007年2月1日
- 「大学　資産運用調査（下）」『日経金融新聞』 2007年2月2日
- 「米国大学運用最前線（上）」『日経金融新聞』 2007年3月8日
- 「米国大学運用最前線（下）」『日経金融新聞』 2007年3月13日
- 「大学　米国運用最前線　関係者に聞く」『日経金融新聞』 2007年3月22日
- 「大学53％が運用指針──余剰資金の投資、本格化」『日経金融新聞』 2008年1月31日
- 「収支赤字の学校法人は3割　問われる大学の財務力」『金融ビジネス』 2008年秋号
- 「2008年版　大学四季報」『週刊東洋経済』 2008年10月18日号
- 「大学の運用、リスク管理"赤点"」『日経ヴェリタス』 2008年12月8日
- 「18私大　含み損688億円──さらに拡大必至」『読売新聞』 2008年12月21日
- 「大阪産業大学の杜撰な資産運用」『週刊東洋経済』 2009年1月24日号
- 「投資52億円　回収不能　神奈川歯大、ずさんな運用指摘」『朝日新聞』 2009年9月7日
- 「私立大の7割に含み損　100私立大財務ランキング」『金融ビジネス』 2009年秋号
- 「資産運用アリ地獄」『週刊ダイヤモンド』 2009年10月31日号
- 「含み損の大きい主な大学」『週刊東洋経済』 2010年10月16日号
- 「学校法人　巨額含み損」『日本経済新聞』 2010年12月3日
- 「就活の虚実」『週刊ダイヤモンド』 2011年2月12日号
- 日本私立学校振興・共済事業団『平成24（2012）年度　私立大学・短期大学等入学志願動向』 2012年7月
- 「大学新設は必要か」『朝日新聞』 2012年11月23日
- 東洋経済新報社編集「大学四季報」『週刊東洋経済』（各年度版）

（英文・参考資料）
- Duke University Financial Statements 2010/2011
- Harvard University Financial Report 2011
- NACUBO—Commonfund Study of Endowment Results 2011
    NACUBO—Commonfund Press Release
    All U.S. and Canadian Institutions Listed by Fiscal Year Endowment Market Value and Pecentage Change in Market Value

Annual Average and Median Total Net Returns

Annual One-, Three-, Five-, and Ten-Year Total Net Returns for U.S. Higher Education Endowments and Affiliated Foundations

Asset Allocations for U.S. Higher Education Endowments and Affiliated Foundations

Annual Reported Spending Rates for U.S. Higher Education Endowments and Affiliated Foundations

- Northwestern University Financial Report 2011
- Stanford University Financial Report 2011
- Yale University Financial Report 2011

資　　料

主要私立・国公立大学の基礎データ

　決算書が簡潔に収録された『大学四季報』（週刊東洋経済）は、大学経営を分析する際に役立つ。資料1〜3では「2012年版」（2012年3月期決算）を用いて個別大学ごとに財務関連の基礎データを整理している。

資料1　主要私立大学127校の基礎データ（2012年3月期決算）
資料2　国立大学65校の基礎データ（2012年3月期決算）
資料3　公立大学9校の基礎データ（2012年3月期決算）

＜主要私立大学の基礎データの定義（資料1）＞
(1) 財務データ（百万円）
　　　＜消費収支計算書の主要データ＞
　　　　①帰属収入
　　　　②消費支出
　　　　③帰属収支
　　　　④基本金組入額
　　　＜貸借対照表の主要データ＞
　　　　⑤総資産
　　　　⑥負債合計
　　　　⑦純資産
(2) 経営データ（割合）
　　　＜帰属収入に対する各項目の割合（％）＞
　　　　①学生生徒等納付金
　　　　②寄付金
　　　　③補助金
　　　＜消費支出に対する各項目の割合（％）＞
　　　　④人件費
　　　　⑤教育研究経費
(3) 資産運用指標

①直接利回り（％）
　　　……資産運用収入（利息・配当金）／（その他固定資産＋流動資産）
　　　②総合利回り（％）
　　　……（資産運用収入（利息・配当金）＋資産売却差額－資産処分損失）／（その他固定資産＋流動資産）
　　　　（注）「大学四季報2012年版」では「運用可能資産」のデータがないため、分母に「その他固定資産＋流動資産」が置かれている。
(4) 経営指標
　　　①成長指標──帰属収入伸び率（％）
　　　……帰属収入対前年度比
　　　②収益指標──帰属収支率（％）
　　　……（帰属収入－消費支出）／帰属収入
　　　③健全指標──自己資本比率（％）
　　　……純資産／総資産＝（基本金計＋累積消費収支差額）／総資産

＜国公立大学の基礎データの定義（資料2、3）＞

(1) 財務データ（百万円）
　　＜損益計算書の主要データ＞
　　　①経常収益合計
　　　②経常費用合計
　　　③経常利益
　　　④当期純利益
　　＜貸借対照表の主要データ＞
　　　⑤資産合計
　　　⑥負債合計
　　　⑦純資産合計
(2) 経営データ（割合）
　　＜経常収益に対する各項目の割合（％）＞
　　　①運営費交付金収益
　　　②学生納付金収益
　　　③付属病院収益
　　　④受託研究・受託事業等収益
　　　⑤寄付金収益
　　＜経常費用に対する各項目の割合（％）＞

⑥教育研究経費
　　　⑦診療経費
　　　⑧人件費
（3）経営指標
　　　①収益指標——経常利益率（%）
　　　　……経常利益／経常収益
　　　②健全指標——自己資本比率（%）
　　　　……純資産合計／総資産合計

資料 1　主要私立大学（127 校）の基礎データ（2012 年 3 月期）

大学名		1 札幌大学	2 北星学園大学	3 北海学園大学	4 東北学院大学	5 東北福祉大学
(1)	財務データ（百万円）					
	①帰属収入	4,508	6,949	12,073	20,024	9,756
	②消費支出	4,949	6,667	11,156	17,687	9,497
	③帰属収支	▲441	282	917	2,337	259
	④基本金組入額	▲2	▲533	▲753	▲1,489	▲978
	⑤総資産	23,313	26,576	48,484	102,142	36,724
	⑥負債合計	2,715	3,988	6,069	7,722	7,737
	⑦純資産	20,597	22,587	42,414	94,420	28,986
(2)	経営データ（割合）					
	①学生生徒等納付金	82.1%	74.6%	83.6%	71.6%	72.9%
	②寄付金	0.7%	1.5%	0.3%	1.4%	2.9%
	③補助金	10.6%	15.4%	14.1%	19.2%	10.3%
	④人件費	54.1%	68.4%	63.4%	54.3%	46.6%
	⑤教育研究経費	33.7%	24.4%	29.5%	38.0%	46.0%
(3)	資産運用指標					
	①直接利回り	0.1%	1.9%	0.1%	0.7%	1.5%
	②総合利回り	▲1.3%	1.7%	▲0.4%	0.6%	1.4%
(4)	経営指標					
	①成長指標——帰属収入伸び率	▲13.9%	▲3.9%	▲6.8%	12.5%	5.5%
	②収益指標——帰属収支	▲9.8%	4.1%	7.6%	11.7%	2.7%
	③健全指標——自己資本比率	88.3%	85.0%	87.5%	92.4%	78.9%

大学名		13 日本工業大学	14 文教大学	15 明海大学	16 淑徳大学	17 聖徳大学
(1)	財務データ（百万円）					
	①帰属収入	9,728	12,550	14,551	13,806	14,155
	②消費支出	8,582	11,454	13,012	12,974	14,112
	③帰属収支	1,146	1,096	1,539	832	43
	④基本金組入額	▲646	▲610	▲10,270	▲2,085	▲1,521
	⑤総資産	56,264	41,814	141,526	90,177	95,365
	⑥負債合計	7,164	8,865	5,059	5,631	18,001
	⑦純資産	49,100	32,947	136,466	84,545	77,363
(2)	経営データ（割合）					
	①学生生徒等納付金	76.1%	86.7%	46.0%	77.7%	69.0%
	②寄付金	1.2%	0.2%	0.1%	0.9%	5.3%
	③補助金	15.4%	8.4%	9.9%	14.6%	14.8%
	④人件費	50.6%	64.2%	40.8%	54.4%	53.4%
	⑤教育研究経費	36.7%	27.1%	31.8%	30.2%	32.5%
(3)	資産運用指標					
	①直接利回り	0.7%	0.4%	4.0%	0.6%	0.8%
	②総合利回り	▲0.4%	0.1%	1.9%	▲0.3%	2.8%
(4)	経営指標					
	①成長指標——帰属収入伸び率	▲0.4%	▲0.7%	▲0.6%	▲2.0%	12.2%
	②収益指標——帰属収支	11.8%	8.7%	10.6%	6.0%	0.3%
	③健全指標——自己資本比率	87.3%	78.8%	96.4%	93.8%	81.1%

6	7	8	9	10	11	12
国際医療福祉大学	白鷗大学	跡見学園女子大学	城西大学	駿河台大学	東京国際大学	獨協大学
43,722	7,756	6,779	19,594	5,420	9,081	90,973
40,996	7,309	6,127	18,260	5,648	9,920	86,604
2,726	447	652	1,334	▲ 228	▲ 839	4,369
▲ 2,191	▲ 1,598	▲ 349	▲ 4,316	▲ 603	0	▲ 4,829
98,064	34,605	31,227	123,144	35,839	57,559	166,521
38,289	3,215	3,115	7,053	3,451	5,745	38,563
59,774	31,389	28,112	116,091	32,387	51,813	127,957
21.6%	79.9%	82.0%	86.0%	82.0%	78.4%	21.7%
0.9%	0.5%	2.5%	2.1%	2.0%	1.1%	1.5%
3.8%	14.7%	10.7%	4.8%	10.8%	5.9%	5.8%
42.4%	49.4%	57.5%	45.2%	54.2%	48.3%	44.7%
36.9%	36.8%	30.4%	38.0%	32.8%	30.7%	50.7%
0.4%	1.8%	0.3%	1.3%	0.5%	1.5%	1.1%
▲ 2.3%	▲ 0.2%	0.3%	1.0%	0.5%	0.4%	0.8%
11.4%	0.5%	▲ 1.3%	6.4%	▲ 3.9%	▲ 5.9%	2.0%
6.2%	5.8%	9.6%	6.8%	▲ 4.2%	▲ 9.2%	4.8%
61.0%	90.7%	90.0%	94.3%	90.4%	90.0%	76.8%

18	19	20	21	22	23	24
千葉工業大学	千葉商科大学	青山学院大学	亜細亜大学	桜美林大学	大妻女子大学	学習院大学
18,409	7,994	34,700	8,708	14,766	14,953	19,908
18,871	7,323	42,090	8,376	14,216	16,015	21,015
▲ 462	671	▲ 7,390	332	550	▲ 1,062	▲ 1,107
▲ 2,000	0	▲ 2,075	▲ 353	▲ 1,742	▲ 11,149	▲ 3,124
109,292	45,508	155,253	32,449	53,732	100,757	100,757
9,550	6,670	32,196	5,821	15,718	6,290	13,073
99,741	38,837	123,056	26,627	38,012	94,466	87,683
76.2%	83.7%	82.9%	85.0%	83.0%	84.7%	78.8%
0.8%	0.0%	1.7%	0.4%	0.3%	1.1%	3.3%
9.2%	9.2%	8.7%	6.0%	8.9%	7.9%	11.2%
42.0%	58.5%	59.3%	56.4%	56.4%	50.8%	64.1%
35.6%	30.9%	27.2%	30.6%	31.9%	29.0%	30.0%
0.6%	1.1%	1.6%	1.5%	3.5%	1.0%	1.1%
▲ 5.4%	0.4%	▲ 3.5%	▲ 0.1%	3.5%	▲ 6.0%	1.0%
11.9%	▲ 0.5%	▲ 1.9%	▲ 3.3%	1.1%	▲ 3.6%	▲ 0.4%
▲ 2.5%	8.4%	▲ 21.3%	3.8%	3.7%	▲ 7.1%	▲ 5.6%
91.3%	85.3%	79.3%	82.1%	70.7%	93.8%	87.0%

大学名		25 北里大学	26 共立女子大学	27 杏林大学	28 慶應義塾大学	29 工学院大学
(1)	財務データ（百万円）					
	①帰属収入	102,358	11,249	45,807	140,979	12,574
	②消費支出	91,131	11,063	42,011	138,284	11,382
	③帰属収支	11,227	186	3,796	2,695	1,192
	④基本金組入額	▲21,019	▲372	▲3,741	▲5,439	▲1,188
	⑤総資産	285,833	57,751	95,650	362,726	73,138
	⑥負債合計	51,626	7,377	30,708	92,716	6,789
	⑦純資産	234,206	50,372	64,940	270,010	66,349
(2)	経営データ（割合）					
	①学生生徒等納付金	19.1%	79.3%	21.3%	37.4%	76.5%
	②寄付金	1.1%	1.3%	0.8%	4.2%	3.3%
	③補助金	5.6%	14.9%	6.5%	13.5%	12.3%
	④人件費	48.1%	59.9%	46.6%	48.5%	50.3%
	⑤教育研究経費	47.7%	34.2%	44.9%	45.9%	37.9%
(3)	資産運用指標					
	①直接利回り	1.2%	0.6%	0.9%	1.9%	0.5%
	②総合利回り	1.0%	0.5%	0.6%	▲0.5%	0.3%
(4)	経営指標					
	①成長指標——帰属収入伸び率	9.9%	▲2.2%	2.5%	1.1%	0.7%
	②収益指標——帰属収支率	11.0%	1.7%	8.3%	1.9%	9.5%
	③健全指標——自己資本比率	81.9%	87.2%	67.9%	74.4%	90.7%

大学名		37 成蹊大学	38 成城大学	39 専修大学	40 創価大学	41 大正大学
(1)	財務データ（百万円）					
	①帰属収入	15,422	10,822	26,406	35,685	5,542
	②消費支出	13,640	10,460	25,477	16,630	4,729
	③帰属収支	1,782	362	929	19,055	813
	④基本金組入額	▲1,034	▲1,390	▲1,049	▲19,220	▲2,130
	⑤総資産	93,229	46,428	136,213	220,009	22,982
	⑥負債合計	7,574	7,012	19,369	8,355	3,271
	⑦純資産	85,654	39,414	116,843	211,652	19,709
(2)	経営データ（割合）					
	①学生生徒等納付金	80.6%	81.8%	81.2%	27.1%	75.2%
	②寄付金	2.5%	2.7%	2.0%	60.2%	12.1%
	③補助金	10.4%	12.1%	10.3%	5.3%	10.3%
	④人件費	58.4%	69.4%	57.6%	40.2%	52.6%
	⑤教育研究経費	33.4%	25.8%	33.9%	38.4%	33.0%
(3)	資産運用指標					
	①直接利回り	0.8%	0.6%	0.5%	1.4%	0.7%
	②総合利回り	0.7%	0.4%	0.0%	0.8%	▲1.3%
(4)	経営指標					
	①成長指標——帰属収入伸び率	0.4%	▲2.0%	2.6%	▲28.7%	▲0.5%
	②収益指標——帰属収支率	11.6%	3.3%	3.5%	53.4%	14.7%
	③健全指標——自己資本比率	91.9%	84.9%	85.8%	96.2%	85.8%

30	31	32	33	34	35	36
國學院大學	国際基督教大学	国士舘大学	駒澤大学	芝浦工業大学	上智大学	昭和大学
18,608	7,616	19,097	21,106	19,816	23,804	95,943
18,465	8,872	18,312	18,482	17,994	25,221	89,314
143	▲ 1,256	785	2,624	1,822	▲ 1,417	6,629
▲ 1,917	▲ 774	▲ 3,167	▲ 1,263	▲ 2,525	▲ 2,706	▲ 4,952
107,565	70,360	69,464	85,029	95,135	107,699	192,006
14,918	9,390	13,272	28,119	13,977	23,084	57,451
92,646	60,970	56,191	56,910	81,157	84,613	134,553
78.2%	67.0%	85.8%	83.2%	77.1%	64.3%	11.1%
2.4%	5.3%	0.5%	2.5%	2.4%	10.3%	1.2%
12.7%	14.2%	9.0%	8.9%	12.1%	12.7%	8.8%
69.5%	55.2%	55.2%	60.6%	44.9%	60.7%	47.5%
24.5%	26.4%	35.5%	31.7%	43.6%	27.1%	46.4%
1.2%	0.7%	0.9%	0.6%	1.4%	3.1%	1.5%
0.9%	0.6%	1.0%	0.2%	▲ 0.1%	0.2%	▲ 0.9%
1.5%	3.8%	▲ 0.2%	▲ 2.2%	2.1%	14.9%	5.3%
0.8%	▲ 16.5%	4.1%	12.4%	9.2%	▲ 6.0%	6.9%
86.1%	86.7%	80.9%	66.9%	85.3%	78.6%	70.1%

42	43	44	45	46	47	48
大東文化大学	拓殖大学	玉川大学	多摩美術大学	中央大学	津田塾大学	帝京大学
16,803	14,828	19,972	8,959	42,501	4,061	94,573
16,288	14,435	17,952	7,393	41,943	3,659	80,971
515	393	2,020	1,566	558	402	13,602
▲ 3,622	▲ 988	▲ 1,643	▲ 1,500	▲ 2,526	▲ 395	▲ 8,820
106,213	67,169	121,701	64,373	175,528	35,909	530,289
14,744	11,160	12,090	7,093	33,904	2,065	31,548
91,469	56,008	109,610	57,279	141,622	33,842	498,740
83.4%	81.6%	80.5%	87.3%	82.1%	75.5%	40.3%
0.6%	0.8%	1.2%	0.1%	1.5%	2.3%	0.9%
5.5%	10.8%	9.7%	8.3%	9.6%	9.8%	3.9%
61.9%	58.8%	57.3%	49.6%	57.7%	58.2%	39.1%
30.2%	30.2%	33.0%	44.3%	34.9%	27.7%	47.4%
1.4%	0.4%	1.1%	0.4%	1.0%	3.0%	0.9%
0.8%	0.3%	0.1%	0.4%	▲ 0.8%	2.6%	0.5%
▲ 0.6%	▲ 2.1%	▲ 1.2%	▲ 1.3%	▲ 3%	▲ 4.7%	3.7%
3.1%	2.7%	10.1%	17.5%	1.3%	9.9%	14.4%
86.1%	83.4%	90.1%	89.0%	80.7%	94.2%	94.1%

大学名		49 東海大学	50 東京家政大学	51 東京経済大学	52 東京工科大学	53 東京工芸大学
(1)	財務データ（百万円）					
	①帰属収入	135,782	10,321	7,927	26,560	8,082
	②消費支出	134,925	9,180	9,415	22,087	8,196
	③帰属収支	857	1,141	▲ 1,488	4,473	▲ 114
	④基本金組入額	▲ 9,911	▲ 658	▲ 550	▲ 2,729	0
	⑤総資産	332,380	54,796	38,336	147,118	43,673
	⑥負債合計	82,192	6,727	7,702	20,040	3,007
	⑦純資産	250,186	48,068	30,633	127,077	40,666
(2)	経営データ（割合）					
	①学生生徒等納付金	38.0%	82.3%	81.9%	89.6%	86.8%
	②寄付金	1.3%	0.6%	0.4%	0.4%	0.6%
	③補助金	10.5%	10.7%	7.6%	1.3%	9.6%
	④人件費	49.7%	60.5%	63.0%	42.0%	54.4%
	⑤教育研究経費	42.5%	30.5%	26.7%	29.9%	38.7%
(3)	資産運用指標					
	①直接利回り	1.3%	0.5%	2.0%	0.8%	0.2%
	②総合利回り	0.2%	0.4%	0.0%	0.7%	0.1%
(4)	経営指標					
	①成長指標――帰属収入伸び率	2.7%	▲ 3.7%	0.6%	2.7%	▲ 5.2%
	②収益指標――帰属収支率	0.6%	11.1%	▲ 18.8%	16.8%	▲ 1.4%
	③健全指標――自己資本比率	75.3%	87.7%	79.9%	86.4%	93.1%

大学名		61 日本大学	62 日本女子大学	63 文教学院大学	64 法政大学	65 武蔵大学
(1)	財務データ（百万円）					
	①帰属収入	191,477	13,283	8,584	47,395	7,448
	②消費支出	239,204	12,527	8,180	52,100	6,792
	③帰属収支	▲ 47,727	756	404	▲ 4,705	656
	④基本金組入額	▲ 18,600	▲ 1,303	▲ 1,934	▲ 3,967	▲ 702
	⑤総資産	723,435	39,951	59,056	203,602	34,071
	⑥負債合計	156,618	8,976	3,207	31,150	3,375
	⑦純資産	566,816	30,974	55,848	172,452	30,695
(2)	経営データ（割合）					
	①学生生徒等納付金	56.9%	77.9%	81.3%	84.1%	85.1%
	②寄付金	2.1%	2.1%	0.3%	0.7%	3.5%
	③補助金	8.9%	11.7%	14.3%	9.7%	4.6%
	④人件費	64.7%	64.0%	57.8%	62.3%	54.5%
	⑤教育研究経費	31.6%	28.8%	30.0%	33.1%	37.5%
(3)	資産運用指標					
	①直接利回り	0.9%	0.7%	0.5%	0.8%	1.4%
	②総合利回り	0.5%	0.4%	▲ 0.2%	1.1%	1.7%
(4)	経営指標					
	①成長指標――帰属収入伸び率	0.2%	▲ 2.4%	▲ 1.7%	▲ 0.6%	▲ 0.4%
	②収益指標――帰属収支率	▲ 24.9%	5.7%	4.7%	▲ 9.9%	8.8%
	③健全指標――自己資本比率	78.4%	77.5%	94.6%	84.7%	90.1%

54	55	56	57	58	59	60
東京女子大学	東京電機大学	東京都市大学	東京農業大学	東京理科大学	東邦大学	東洋大学
6,062	69,420	20,782	27,117	37,028	80,376	42,184
5,530	21,838	16,029	24,021	32,970	74,722	31,294
532	47,582	4,753	3,096	4,058	5,654	10,890
▲ 638	▲ 12,049	▲ 2,752	▲ 7,511	▲ 2,539	▲ 5,724	▲ 11,973
28,405	150,956	96,756	144,770	192,553	109,818	200,648
4,382	12,735	11,753	14,070	38,542	42,000	18,377
24,022	138,220	85,002	130,699	154,010	67,818	182,270
76.4%	21.1%	65.5%	84.2%	76.6%	16.5%	79.2%
4.6%	0.6%	0.8%	1.3%	2.1%	3.8%	6.9%
11.4%	3.7%	11.0%	9.3%	13.9%	5.4%	8.9%
63.4%	38.9%	52.0%	51.9%	49.2%	50.1%	57.3%
28.8%	31.7%	35.8%	40.1%	40.4%	43.2%	35.8%
0.8%	0.4%	0.8%	0.3%	0.4%	1.4%	0.7%
0.7%	80.5%	9.1%	▲ 0.2%	▲ 0.1%	0.5%	1.0%
6.1%	287.7%	9.9%	▲ 2.2%	▲ 12.1%	4.3%	10.8%
8.8%	68.5%	22.9%	11.4%	11.0%	7.0%	25.8%
84.6%	91.6%	87.9%	90.3%	80.0%	61.8%	90.8%

66	67	68	69	70	71	72
武蔵野大学	武蔵野美術大学	明治大学	明治学院大学	明星大学	目白大学	立教大学
11,250	9,962	52,230	18,800	18,352	10,717	32,237
11,434	9,139	60,804	18,071	20,014	9,152	34,399
▲ 184	823	▲ 8,574	729	▲ 1,662	1,565	▲ 2,162
▲ 1,688	▲ 438	▲ 9,379	▲ 2,470	▲ 1	▲ 1,232	▲ 2,823
50,797	47,167	223,826	96,223	133,358	51,658	109,190
16,874	4,527	49,808	10,988	7,507	10,967	34,151
33,921	42,638	174,017	85,234	125,850	40,691	75,038
81.0%	86.2%	79.9%	81.8%	79.6%	82.3%	83.9%
1.0%	0.6%	1.8%	1.8%	0.3%	0.4%	2.0%
13.6%	9.8%	10.7%	9.1%	14.4%	10.4%	9.7%
44.1%	52.2%	64.7%	65.0%	52.9%	56.6%	61.7%
33.4%	37.6%	29.5%	28.7%	38.0%	27.6%	32.5%
0.4%	0.1%	1.3%	1.8%	0.8%	1.5%	0.8%
▲ 6.7%	0.1%	0.8%	1.7%	0.7%	0.5%	0.4%
4.4%	0.7%	1.6%	▲ 1.8%	1.8%	2.4%	1.6%
▲ 1.6%	8.3%	▲ 16.4%	3.9%	▲ 9.1%	14.6%	▲ 6.7%
66.8%	90.4%	77.7%	88.6%	94.4%	78.8%	68.7%

大学名	73 立正大学	74 早稲田大学	75 神奈川大学	76 神奈川工科大学	77 関東学院大学
(1) 財務データ（百万円）					
①帰属収入	16,453	96,799	26,050	8,242	19,293
②消費支出	13,698	106,896	23,344	8,940	19,709
③帰属収支	2,755	▲ 10,097	2,706	▲ 698	▲ 416
④基本金組入額	▲ 1,221	▲ 154	▲ 3,557	▲ 317	▲ 955
⑤総資産	88,058	340,813	132,667	31,841	109,168
⑥負債合計	11,431	65,982	16,496	5,108	11,035
⑦純資産	76,626	274,830	116,171	26,732	98,132
(2) 経営データ（割合）					
①学生生徒等納付金	70.9%	71.0%	84.2%	82.7%	79.3%
②寄付金	1.6%	2.8%	1.1%	0.3%	0.7%
③補助金	8.9%	14.9%	7.9%	11.3%	11.2%
④人件費	52.4%	55.7%	52.7%	54.2%	55.1%
⑤教育研究経費	35.9%	39.1%	36.7%	35.5%	34.7%
(3) 資産運用指標					
①直接利回り	2.1%	1.9%	0.7%	1.6%	1.7%
②総合利回り	4.3%	1.0%	0.5%	0.4%	0.1%
(4) 経営指標					
①成長指標——帰属収入伸び率	8.8%	▲ 1.2%	▲ 2.6%	3.0%	0.5%
②収益指標——帰属収支率	16.7%	▲ 10.4%	10.4%	▲ 8.5%	▲ 2.2%
③健全指標——自己資本比率	87.0%	80.6%	87.6%	84.0%	89.9%

大学名	85 椙山女学園大学	86 中京大学	87 中部大学	88 東海学園大学	89 豊田工業大学
(1) 財務データ（百万円）					
①帰属収入	9,893	19,438	18,971	8,297	3,372
②消費支出	8,999	18,547	19,538	8,189	3,052
③帰属収支	894	891	▲ 567	108	320
④基本金組入額	▲ 1,080	▲ 2,435	▲ 1,389	▲ 991	▲ 393
⑤総資産	40,385	92,283	61,386	30,370	36,615
⑥負債合計	4,915	12,209	18,791	9,034	681
⑦純資産	35,469	80,073	42,595	21,335	35,933
(2) 経営データ（割合）					
①学生生徒等納付金	82.0%	88.7%	78.3%	76.8%	10.2%
②寄付金	0.6%	0.4%	1.5%	0.6%	51.3%
③補助金	13.1%	8.1%	13.1%	18.8%	14.9%
④人件費	65.2%	53.4%	57.6%	61.1%	42.1%
⑤教育研究経費	27.3%	32.4%	32.1%	27.3%	45.4%
(3) 資産運用指標					
①直接利回り	1.2%	0.5%	0.7%	0.2%	0.7%
②総合利回り	0.8%	▲ 0.9%	▲ 0.1%	0.7%	0.4%
(4) 経営指標					
①成長指標——帰属収入伸び率	3.2%	▲ 5.3%	1.1%	2.0%	0.3%
②収益指標——帰属収支率	9.0%	4.6%	▲ 3.0%	1.3%	9.5%
③健全指標——自己資本比率	87.8%	86.8%	69.4%	70.3%	98.1%

	78	79	80	81	82	83	84
	金沢工業大学	山梨学院大学	愛知大学	愛知学院大学	愛知工業大学	愛知淑徳大学	金城学院大学
	14,139	7,697	11,340	25,481	11,346	12,752	10,086
	13,648	7,772	11,025	22,828	11,367	11,382	8,998
	491	▲ 75	315	2,653	▲ 21	1,370	1,088
	▲ 379	▲ 1,636	▲ 297	▲ 7,070	▲ 1,450	▲ 2,378	▲ 1,314
	85,325	48,787	59,271	145,178	64,979	62,715	44,872
	13,343	4,780	18,514	12,946	7,073	5,315	4,152
	71,980	44,006	40,756	132,231	57,905	57,400	40,718
	77.5%	77.5%	83.7%	76.6%	80.6%	88.1%	83.2%
	2.9%	0.2%	1.1%	1.2%	1.3%	0.6%	0.8%
	13.7%	14.2%	10.8%	9.5%	13.2%	8.1%	12.3%
	41.6%	49.4%	50.5%	57.1%	55.4%	48.2%	60.3%
	43.6%	39.9%	31.6%	35.8%	34.7%	37.9%	32.0%
	0.6%	0.8%	0.7%	0.7%	0.3%	0.3%	0.5%
	0.2%	0.1%	▲ 2.2%	0.5%	▲ 0.6%	▲ 0.2%	0.4%
	0.4%	2.5%	▲ 1.3%	▲ 1.4%	▲ 1.8%	▲ 1.9%	1.5%
	3.5%	▲ 1.0%	2.8%	10.4%	▲ 0.2%	10.7%	10.8%
	84.4%	90.2%	68.8%	91.1%	89.1%	91.5%	90.7%

	90	91	92	93	94	95	96
	名古屋学院大学	名古屋商科大学	南山大学	日本福祉大学	名城大学	大谷大学	京都外国語大学
	6,648	5,822	18,742	10,000	25,424	7,571	7,673
	6,315	4,430	21,061	9,695	22,384	7,166	7,349
	333	1,392	▲ 2,319	305	3,040	405	324
	▲ 607	▲ 537	▲ 2,108	▲ 1,639	▲ 4,293	▲ 693	▲ 244
	26,261	50,928	87,489	35,351	98,626	49,662	28,313
	3,969	4,422	13,098	3,662	9,232	4,203	7,339
	22,291	46,505	74,389	31,868	89,393	45,458	20,974
	88.0%	86.8%	76.3%	80.3%	81.0%	71.7%	83.8%
	0.5%	0.3%	1.7%	0.8%	1.9%	6.1%	1.2%
	6.2%	7.4%	14.6%	11.3%	10.0%	14.3%	9.8%
	56.0%	44.2%	50.9%	49.7%	58.5%	58.8%	63.7%
	34.7%	38.3%	21.6%	39.0%	35.6%	31.8%	25.2%
	1.2%	0.4%	1.0%	1.0%	1.0%	0.8%	1.2%
	0.0%	0.3%	▲ 0.3%	0.9%	0.7%	0.6%	1.3%
	▲ 4.7%	▲ 2.5%	0.3%	1.1%	0.0%	0.3%	▲ 2.3%
	5.0%	23.9%	▲ 12.4%	3.1%	12.0%	5.3%	4.2%
	84.9%	91.3%	85.0%	89.7%	90.6%	91.5%	74.1%

大学名		97 京都産業大学	98 京都精華大学	99 同志社大学	100 立命館大学	101 龍谷大学
(1)	財務データ（百万円）					
	①帰属収入	19,189	6,705	59,234	77,051	24,858
	②消費支出	17,561	6,199	52,394	73,809	26,953
	③帰属収支	1,628	506	6,840	3,242	▲2,095
	④基本金組入額	▲1,248	▲167	▲7,471	▲5,030	▲1,636
	⑤総資産	125,903	29,144	230,426	331,126	136,571
	⑥負債合計	16,897	5,602	29,385	34,000	13,125
	⑦純資産	109,004	23,541	201,040	297,125	123,445
(2)	経営データ（割合）					
	①学生生徒等納付金	78.4%	83.3%	82.3%	78.0%	83.2%
	②寄付金	1.3%	0.5%	1.5%	1.1%	0.6%
	③補助金	11.6%	9.7%	9.9%	12.4%	8.7%
	④人件費	56.3%	52.9%	56.4%	53.5%	60.9%
	⑤教育研究経費	35.7%	33.5%	37.6%	38.4%	32.3%
(3)	資産運用指標					
	①直接利回り	1.3%	0.8%	1.0%	1.4%	1.5%
	②総合利回り	1.3%	0.3%	0.7%	1.0%	1.3%
(4)	経営指標					
	①成長指標——帰属収入伸び率	1.7%	▲5.2%	▲0.9%	0.9%	▲2.7%
	②収益指標——帰属収支率	8.5%	7.5%	11.5%	4.2%	▲8.4%
	③健全指標——自己資本比率	86.6%	80.8%	87.2%	89.7%	90.4%

大学名		109 阪南大学	110 桃山学院大学	111 関西学院大学	112 甲南大学	113 甲南女子大学
(1)	財務データ（百万円）					
	①帰属収入	7,056	10,597	37,605	13,649	7,068
	②消費支出	6,494	10,007	35,285	13,589	6,563
	③帰属収支	562	590	2,320	60	505
	④基本金組入額	▲510	▲188	▲1,729	▲1,165	▲507
	⑤総資産	50,327	81,537	161,684	88,103	44,149
	⑥負債合計	3,458	5,671	28,269	7,690	2,967
	⑦純資産	46,868	75,865	133,413	80,412	41,181
(2)	経営データ（割合）					
	①学生生徒等納付金	86.3%	84.2%	81.0%	85.4%	83.9%
	②寄付金	0.2%	0.3%	2.5%	1.0%	1.4%
	③補助金	10.0%	9.6%	11.1%	9.7%	7.7%
	④人件費	63.2%	62.6%	62.9%	57.4%	54.7%
	⑤教育研究経費	29.2%	30.3%	32.9%	34.8%	27.8%
(3)	資産運用指標					
	①直接利回り	0.2%	0.7%	0.9%	0.7%	0.8%
	②総合利回り	0.1%	0.7%	0.5%	0.5%	▲1.7%
(4)	経営指標					
	①成長指標——帰属収入伸び率	▲0.7%	0.5%	▲13.9%	▲2.7%	▲0.9%
	②収益指標——帰属収支率	8.0%	5.6%	6.2%	0.4%	7.1%
	③健全指標——自己資本比率	93.1%	93.0%	82.5%	91.3%	93.3%

	102 追手門学院大学	103 大阪学院大学	104 大阪経済大学	105 大阪工業大学	106 関西大学	107 関西外国語大学	108 近畿大学
	11,606	9,817	7,885	34,834	46,860	16,479	130,668
	10,629	11,361	7,248	31,200	51,048	10,017	132,984
	977	▲1,544	637	3,634	▲4,188	6,462	▲2,316
	▲3,590	▲6	▲3,700	▲14,252	▲3,268	▲5,695	▲8,506
	47,607	75,554	39,984	205,887	200,861	180,595	370,212
	5,406	4,946	4,855	26,858	27,466	9,637	50,799
	42,200	70,607	35,128	179,027	173,394	170,956	319,412
	79.6%	82.8%	88.6%	79.4%	83.4%	87.5%	42.2%
	2.6%	0.4%	1.3%	0.8%	0.8%	0.2%	3.6%
	10.4%	10.3%	4.1%	10.1%	10.8%	3.7%	7.1%
	54.2%	48.5%	52.6%	57.0%	58.3%	47.4%	51.5%
	34.0%	38.9%	33.1%	33.8%	36.6%	36.6%	41.3%
	1.1%	0.4%	1.1%	3.1%	0.5%	1.2%	0.5%
	0.6%	0.4%	▲0.4%	2.8%	0.1%	1.1%	▲2.1%
	▲4.3%	7.7%	▲5.5%	2.0%	▲0.7%	▲0.4%	4.2%
	8.4%	▲15.7%	8.1%	10.4%	▲8.9%	39.2%	▲1.8%
	88.6%	93.5%	87.9%	87.0%	86.3%	94.7%	86.3%

	114 神戸学院大学	115 武庫川女子大学	116 流通科学大学	117 帝塚山大学	118 広島工業大学	119 広島修道大学	120 松山大学
	15,033	19,999	4,639	9,864	10,209	8,896	6,972
	14,289	16,931	4,417	10,174	9,620	8,222	6,594
	744	3,068	222	▲310	589	674	378
	▲852	▲491	▲570	▲852	▲993	▲590	▲472
	95,712	180,275	37,761	56,080	48,656	40,870	41,007
	14,071	8,668	1,640	8,380	8,014	3,378	3,336
	81,640	171,606	36,120	47,699	40,641	37,490	37,670
	87.3%	82.2%	86.9%	73.6%	78.6%	81.5%	84.7%
	0.6%	0.6%	1.7%	1.8%	0.5%	0.7%	0.4%
	7.8%	8.8%	6.4%	15.9%	14.4%	12.5%	8.1%
	55.4%	53.0%	52.8%	58.0%	51.9%	61.6%	54.3%
	38.6%	37.3%	36.4%	33.7%	37.3%	31.9%	37.4%
	0.5%	1.2%	0.9%	1.7%	1.1%	0.6%	1.4%
	0.4%	1.1%	0.9%	1.6%	▲1.2%	0.4%	1.3%
	0.4%	0.6%	▲1.8%	▲4.2%	3.7%	▲0.5%	▲2.7%
	4.9%	15.3%	4.8%	▲3.1%	5.8%	7.6%	5.4%
	85.3%	95.2%	95.7%	85.1%	83.5%	91.7%	91.9%

大学名		121 九州産業大学	122 久留米大学	123 西南学院大学	124 日本経済大学	125 福岡大学
(1) 財務データ（百万円）						
	①帰属収入	13,303	51,656	11,547	5,091	69,538
	②消費支出	11,407	49,278	11,375	6,205	66,076
	③帰属収支	1,896	2,378	172	▲1,114	3,462
	④基本金組入額	▲1,134	▲860	▲1,527	▲395	▲4,949
	⑤総資産	100,797	113,099	64,534	43,355	234,257
	⑥負債合計	9,033	31,188	6,045	9,120	42,580
	⑦純資産	91,762	81,910	58,489	34,234	191,676
(2) 経営データ（割合）						
	①学生生徒等納付金	82.4%	20.5%	81.6%	83.2%	39.8%
	②寄付金	1.0%	3.0%	0.8%	0.0%	1.5%
	③補助金	8.0%	7.0%	9.7%	1.6%	8.7%
	④人件費	55.9%	53.2%	62.9%	33.8%	53.5%
	⑤教育研究経費	33.0%	38.7%	28.0%	23.2%	40.3%
(3) 資産運用指標						
	①直接利回り	1.4%	0.9%	1.1%	0.7%	0.7%
	②総合利回り	0.5%	0.7%	0.2%	▲17.6%	0.1%
(4) 経営指標						
	①成長指標——帰属収入伸び率	▲4.0%	0.4%	▲0.4%	▲23.4%	▲2.1%
	②収益指標——帰属収支率	14.3%	4.6%	1.5%	▲21.9%	5.0%
	③健全指標——自己資本比率	91.0%	72.4%	90.6%	79.0%	81.8%

126 福岡工業大学	127 熊本学園大学	総計	127校の平均
8,295	7,570	3,294,072	25,938
8,129	7,484	3,158,865	24,873
166	86	135,207	1,065
▲ 1,186	▲ 480	▲ 359,323	▲ 2,829
33,785	32,947	13,716,362	108,003
4,257	4,886	2,068,344	16,286
29,527	28,059	11,647,885	91,716
73.9%	81.7%	60.1%	60.1%
0.7%	0.7%	2.5%	2.5%
15.6%	12.2%	9.4%	9.4%
59.9%	63.1%	54.0%	54.0%
31.2%	27.9%	37.1%	37.1%
1.2%	1.6%	1.1%	1.1%
1.2%	1.6%	1.2%	1.2%
0.3%	▲ 3.9%	264.5%	2.1%
2.0%	1.1%	4.1%	4.1%
87.4%	85.2%	84.9%	84.9%

資料2　国立大学（65校）の基礎データ（2012年3月期）

大学名		1 小樽商科大学	2 北海道大学	3 北海道教育大学	4 室蘭工業大学	5 弘前大学
(1) 財務データ（百万円）						
	①経常収益合計	2,930	89,214	10,547	5,207	34,674
	②経常費用合計	2,893	86,103	10,429	5,206	33,671
	③経常利益	36	3,111	117	1	1,003
	④当期純利益	23	2,665	98	0	691
	⑤資産合計	7,404	284,713	47,635	17,572	76,616
	⑥負債合計	3,416	89,755	6,742	4,332	36,900
	⑦純資産合計	3,987	194,958	40,892	13,240	39,715
(2) 経営データ（割合）						
	①運営費交付金収益	46.5%	39.0%	63.0%	50.5%	27.8%
	②学生納付金収益	45.6%	11.0%	31.7%	35.4%	11.4%
	③付属病院収益	0.0%	28.7%	0.0%	0.0%	50.7%
	④受託研究・受託事業等収益	0.5%	7.4%	0.2%	3.6%	2.1%
	⑤寄付金収益	0.8%	2.3%	0.6%	1.7%	1.7%
	⑥教育研究経費	18.4%	16.0%	19.1%	28.4%	9.9%
	⑦診療経費	0.0%	16.6%	0.0%	0.0%	34.1%
	⑧人件費	67.7%	53.2%	75.3%	59.5%	48.1%
(3) 経営指標						
	①収益指標——経常利益率	1.2%	3.5%	1.1%	0.0%	2.9%
	②健全指標——自己資本比率	53.8%	68.5%	85.8%	75.3%	51.8%

大学名		13 宇都宮大学	14 群馬大学	15 埼玉大学	16 千葉大学	17 お茶の水女子大学
(1) 財務データ（百万円）						
	①経常収益合計	10,079	42,293	12,748	60,244	7,864
	②経常費用合計	10,000	40,283	12,653	58,782	7,811
	③経常利益	78	2,010	95	1,461	52
	④当期純利益	78	2,019	95	1,296	52
	⑤資産合計	79,906	93,479	76,964	222,235	88,674
	⑥負債合計	8,072	46,330	10,624	54,613	8,098
	⑦純資産合計	71,833	47,149	66,339	167,622	80,576
(2) 経営データ（割合）						
	①運営費交付金収益	56.9%	28.8%	43.1%	29.8%	59.1%
	②学生納付金収益	28.3%	8.5%	41.1%	13.8%	21.0%
	③付属病院収益	0.0%	52.8%	0.0%	44.0%	0.0%
	④受託研究・受託事業等収益	4.4%	2.0%	5.4%	3.7%	3.2%
	⑤寄付金収益	2.1%	1.5%	2.2%	1.9%	2.3%
	⑥教育研究経費	19.0%	10.7%	19.8%	11.4%	25.1%
	⑦診療経費	0.0%	38.1%	0.0%	29.8%	0.0%
	⑧人件費	68.0%	45.0%	67.2%	51.2%	65.5%
(3) 経営指標						
	①収益指標——経常利益率	0.8%	4.8%	0.7%	2.4%	0.7%
	②健全指標——自己資本比率	89.9%	50.4%	86.2%	75.4%	90.9%

6	7	8	9	10	11	12
岩手大学	東北大学	秋田大学	山形大学	福島大学	茨城大学	筑波大学
12,074	126,213	29,883	36,577	6,882	14,373	82,377
12,034	122,849	29,805	36,597	6,759	14,320	82,074
40	3,363	78	▲ 19	122	52	302
38	2,310	▲ 62	▲ 19	32	37	106
62,997	387,005	62,721	103,568	32,360	50,918	370,826
10,763	180,608	35,408	40,561	6,092	10,812	87,867
52,233	206,396	27,312	63,007	26,267	40,106	282,959
56.6%	35.4%	30.9%	30.4%	48.0%	48.2%	45.2%
26.3%	9.0%	10.1%	14.4%	35.8%	35.5%	11.0%
0.0%	25.9%	48.4%	42.7%	0.0%	0.0%	26.9%
6.0%	11.7%	1.6%	4.3%	2.9%	4.2%	5.8%
1.1%	2.6%	2.3%	1.7%	1.4%	1.1%	1.7%
21.3%	20.9%	9.8%	11.2%	26.4%	22.8%	17.0%
0.0%	17.7%	35.3%	28.9%	0.0%	0.0%	16.9%
62.3%	45.5%	48.4%	50.3%	63.9%	64.9%	53.8%
0.3%	2.7%	0.3%	▲ 0.1%	1.8%	0.4%	0.4%
82.9%	53.3%	43.5%	60.8%	81.2%	78.8%	76.3%

18	19	20	21	22	23	24
電気通信大学	東京大学	東京医科歯科大学	東京外国語大学	東京学芸大学	東京芸術大学	東京工業大学
10,855	217,255	52,581	6,092	12,305	7,454	42,011
10,825	209,340	50,303	6,084	12,314	7,432	41,990
29	7,914	2,278	8	▲ 8	22	20
30	7,726	2,283	8	▲ 8	20	20
44,091	1,337,092	162,079	44,734	172,609	68,051	239,830
7,675	265,428	44,949	5,524	9,505	5,875	47,505
36,415	1,071,664	117,130	39,209	163,103	62,175	192,325
44.8%	38.1%	29.0%	50.9%	62.7%	63.8%	51.0%
26.4%	6.4%	2.4%	39.7%	29.2%	25.8%	9.7%
0.0%	19.3%	55.2%	0.0%	0.0%	0.0%	0.0%
18.4%	15.0%	4.3%	1.9%	0.9%	2.7%	16.7%
1.6%	3.3%	2.2%	0.9%	2.3%	2.1%	2.8%
16.7%	22.5%	7.9%	20.5%	17.9%	22.0%	24.0%
0.0%	13.3%	39.5%	0.0%	0.0%	0.0%	0.0%
52.4%	45.1%	42.9%	67.3%	75.7%	67.1%	49.7%
0.3%	3.6%	4.3%	0.1%	▲ 0.1%	0.3%	0.1%
82.6%	80.1%	72.3%	87.6%	94.5%	91.4%	80.2%

大学名	25 東京農工大学	26 一橋大学	27 横浜国立大学	28 新潟大学	29 富山大学
(1) 財務データ（百万円）					
①経常収益合計	14,057	10,582	17,315	50,635	36,908
②経常費用合計	13,934	10,548	17,260	50,547	36,858
③経常利益	123	33	55	88	50
④当期純利益	106	33	55	15	1
⑤資産合計	100,108	176,923	110,509	134,651	75,394
⑥負債合計	11,044	22,377	15,485	61,562	35,448
⑦純資産合計	89,064	154,546	95,023	73,089	39,945
(2) 経営データ（割合）					
①運営費交付金収益	43.5%	51.7%	47.5%	29.7%	34.4%
②学生納付金収益	24.4%	33.0%	34.0%	14.4%	14.4%
③付属病院収益	0.0%	0.0%	0.0%	44.3%	41.3%
④受託研究・受託事業等収益	14.2%	2.1%	7.4%	3.0%	2.7%
⑤寄付金収益	2.6%	5.2%	2.2%	1.7%	2.0%
⑥教育研究経費	24.4%	18.9%	20.5%	11.6%	10.7%
⑦診療経費	0.0%	0.0%	0.0%	30.1%	28.0%
⑧人件費	53.4%	69.4%	66.3%	50.2%	52.6%
(3) 経営指標					
①収益指標——経常利益率	0.9%	0.3%	0.3%	0.2%	0.1%
②健全指標——自己資本比率	89.0%	87.4%	86.0%	54.3%	53.0%

大学名	37 名古屋大学	38 名古屋工業大学	39 三重大学	40 滋賀大学	41 京都大学
(1) 財務データ（百万円）					
①経常収益合計	91,231	11,290	37,736	5,704	144,961
②経常費用合計	90,114	11,353	37,711	5,703	143,155
③経常利益	1,117	▲62	25	0	1,806
④当期純利益	1,045	▲62	▲170	▲1	1,685
⑤資産合計	236,978	39,407	80,073	22,730	451,260
⑥負債合計	119,005	10,500	45,495	4,748	162,623
⑦純資産合計	117,973	28,907	34,577	17,981	288,637
(2) 経営データ（割合）					
①運営費交付金収益	35.1%	41.9%	33.7%	55.5%	36.1%
②学生納付金収益	9.4%	29.3%	10.0%	38.8%	9.5%
③付属病院収益	32.8%	0.0%	44.5%	0.0%	21.7%
④受託研究・受託事業等収益	8.7%	14.6%	4.3%	1.0%	14.1%
⑤寄付金収益	2.7%	2.2%	1.4%	0.8%	3.0%
⑥教育研究経費	15.1%	22.2%	7.5%	16.5%	19.7%
⑦診療経費	22.1%	0.0%	33.0%	0.0%	13.8%
⑧人件費	47.5%	55.8%	50.2%	75.6%	45.8%
(3) 経営指標					
①収益指標——経常利益率	1.2%	▲0.5%	0.1%	0.0%	1.2%
②健全指標——自己資本比率	49.8%	73.4%	43.2%	79.1%	64.0%

30	31	32	33	34	35	36
金沢大学	福井大学	山梨大学	信州大学	岐阜大学	静岡大学	愛知教育大学
49,557	29,070	30,944	46,832	38,291	18,518	7,774
48,839	28,408	29,812	44,544	36,964	17,932	7,749
718	661	1,132	2,287	1,326	585	24
717	604	1,117	2,274	1,326	532	24
146,953	82,183	62,821	102,802	112,998	64,110	48,687
61,847	23,367	20,905	48,004	56,363	13,951	5,586
85,105	58,816	41,916	54,797	56,635	50,158	43,101
29.6%	31.6%	29.4%	29.5%	32.2%	51.1%	61.6%
12.8%	9.7%	9.6%	13.7%	10.9%	32.0%	32.6%
46.4%	47.6%	47.1%	43.7%	44.8%	0.0%	0.0%
2.9%	4.3%	5.9%	4.6%	4.0%	7.3%	0.9%
2.3%	1.4%	1.7%	1.6%	1.9%	1.3%	0.9%
10.9%	10.0%	10.6%	10.8%	10.0%	17.2%	16.2%
31.0%	29.8%	30.2%	29.1%	32.4%	0.0%	0.0%
48.8%	51.6%	49.4%	50.0%	46.9%	67.7%	77.0%
1.4%	2.3%	3.7%	4.9%	3.5%	3.2%	0.3%
57.9%	71.6%	66.7%	53.3%	50.1%	78.2%	88.5%

42	43	44	45	46	47	48
京都工芸繊維大学	大阪大学	大阪教育大学	神戸大学	奈良女子大学	和歌山大学	鳥取大学
8,511	131,197	9,364	66,702	5,669	7,265	35,960
8,440	127,986	9,320	65,586	5,649	7,298	34,277
70	3,211	44	1,116	20	▲ 32	1,682
3	3,211	44	1,037	23	▲ 24	1,683
37,395	439,573	76,844	194,786	34,295	30,441	85,117
7,400	131,277	6,430	62,109	4,898	6,426	29,266
29,994	308,295	70,413	132,677	29,396	24,015	55,851
54.4%	36.0%	63.3%	31.1%	61.0%	53.3%	28.1%
27.5%	9.7%	29.3%	14.6%	27.7%	35.4%	10.8%
0.0%	25.4%	0.0%	41.0%	0.0%	0.0%	50.5%
4.9%	10.8%	0.8%	5.2%	1.8%	1.8%	3.3%
2.4%	3.8%	1.6%	2.6%	1.7%	1.3%	1.2%
22.4%	19.5%	18.3%	11.0%	20.3%	17.7%	10.2%
0.0%	17.1%	0.0%	26.5%	0.0%	0.0%	31.7%
64.1%	45.7%	75.2%	52.8%	70.4%	70.7%	48.7%
0.8%	2.4%	0.5%	1.7%	0.4%	▲ 0.4%	4.7%
80.2%	70.1%	91.6%	68.1%	85.7%	78.9%	65.6%

大学名	49 島根大学	50 岡山大学	51 広島大学	52 山口大学	53 徳島大学
(1) 財務データ（百万円）					
①経常収益合計	28,709	59,713	69,087	41,305	41,293
②経常費用合計	29,863	58,515	67,499	39,633	39,654
③経常利益	▲1,153	1,197	1,587	1,671	1,639
④当期純利益	▲1,151	1,142	1,559	1,681	1,574
⑤資産合計	66,941	137,455	204,747	71,037	110,393
⑥負債合計	30,697	55,017	59,345	35,903	46,868
⑦純資産合計	36,243	82,437	145,401	35,134	63,524
(2) 経営データ（割合）					
①運営費交付金収益	36.3%	29.5%	38.0%	29.7%	31.2%
②学生納付金収益	13.1%	13.7%	12.0%	14.3%	10.3%
③付属病院収益	40.7%	45.5%	36.8%	45.0%	46.8%
④受託研究・受託事業等収益	2.3%	2.9%	4.2%	3.2%	4.1%
⑤寄付金収益	1.5%	2.0%	2.1%	1.5%	2.4%
⑥教育研究経費	10.0%	10.6%	13.4%	9.6%	10.2%
⑦診療経費	29.5%	29.5%	22.2%	28.9%	31.7%
⑧人件費	53.0%	52.1%	55.9%	51.9%	48.5%
(3) 経営指標					
①収益指標——経常利益率	▲4.0%	2.0%	2.3%	4.1%	4.0%
②健全指標——自己資本比率	54.1%	60.0%	71.0%	49.5%	57.5%

大学名	61 熊本大学	62 大分大学	63 宮崎大学	64 鹿児島大学	65 琉球大学
(1) 財務データ（百万円）					
①経常収益合計	49,309	30,338	31,346	42,882	33,790
②経常費用合計	48,519	29,526	30,765	42,328	33,439
③経常利益	789	812	580	554	350
④当期純利益	439	809	445	486	371
⑤資産合計	129,111	64,632	76,853	121,296	48,074
⑥負債合計	60,592	24,306	29,847	38,948	24,376
⑦純資産合計	68,518	40,325	47,005	82,346	23,698
(2) 経営データ（割合）					
①運営費交付金収益	29.7%	30.4%	32.3%	35.2%	37.3%
②学生納付金収益	11.9%	11.0%	9.2%	14.2%	12.6%
③付属病院収益	43.3%	51.0%	48.2%	40.0%	41.0%
④受託研究・受託事業等収益	4.3%	1.7%	2.0%	2.3%	1.9%
⑤寄付金収益	3.2%	1.7%	1.3%	2.8%	1.7%
⑥教育研究経費	11.9%	9.5%	8.7%	11.7%	10.8%
⑦診療経費	29.3%	31.7%	33.6%	27.0%	26.3%
⑧人件費	49.4%	52.9%	51.4%	55.1%	54.7%
(3) 経営指標					
①収益指標——経常利益率	1.6%	2.7%	1.9%	1.3%	1.0%
②健全指標——自己資本比率	53.1%	62.4%	61.2%	67.9%	49.3%

	54 香川大学	55 愛媛大学	56 高知大学	57 九州大学	58 九州工業大学	59 佐賀大学	60 長崎大学
	31,207	39,784	29,452	110,143	10,817	33,088	49,115
	30,314	38,953	29,234	108,276	10,805	30,712	48,345
	893	830	218	1,866	12	2,376	770
	822	851	228	1,650	4	2,369	212
	57,686	88,750	61,122	402,954	52,480	80,835	126,563
	22,278	41,957	21,710	139,395	9,772	20,140	55,641
	35,407	46,793	39,412	263,559	42,707	60,694	70,921
	33.7%	28.4%	29.8%	37.3%	43.4%	31.2%	31.8%
	11.9%	14.5%	11.0%	8.8%	33.8%	12.4%	10.1%
	45.6%	43.3%	50.0%	31.7%	0.0%	48.8%	45.9%
	2.2%	3.4%	2.7%	8.5%	11.1%	1.7%	3.0%
	1.8%	2.7%	1.9%	2.7%	2.3%	2.1%	1.8%
	9.7%	12.3%	8.8%	15.5%	20.8%	9.1%	11.4%
	29.0%	26.5%	31.2%	21.6%	0.0%	28.7%	29.4%
	55.2%	53.0%	52.3%	47.8%	56.4%	55.4%	51.2%
	2.9%	2.1%	0.7%	1.7%	0.1%	7.2%	1.6%
	61.4%	52.7%	64.5%	65.4%	81.4%	75.1%	56.0%

総計	65校の平均値
2,570,183	39,541
2,516,924	38,722
53,235	819
48,307	743
8,982,046	138,185
2,710,362	41,698
6,271,647	96,487
36.0%	36.0%
12.6%	12.6%
32.6%	32.6%
6.8%	6.8%
2.3%	2.3%
15.0%	15.0%
21.5%	21.5%
51.0%	51.0%
2.1%	2.1%
69.8%	69.8%

資料3　公立大学（9校）の基礎データ（2012年3月期）

大学名		1 国際教養大学	2 首都大学東京	3 横浜市立大学	4 都留文科大学	5 愛知県立大学
(1) 財務データ（百万円）						
	①経常収益合計	1,908	26,709	59,690	2,591	7,785
	②経常費用合計	1,886	25,049	59,409	2,282	7,559
	③経常利益	21	1,659	281	309	225
	④当期純利益	21	1,548	276	309	225
	⑤資産合計	6,587	156,286	53,023	8,177	26,683
	⑥負債合計	804	19,508	26,626	2,575	7,210
	⑦純資産合計	5,783	136,777	26,397	5,601	19,473
(2) 経営データ（割合）						
	①運営費交付金収益	54.1%	60.6%	15.5%	26.6%	64.4%
	②学生納付金収益	30.2%	23.1%	5.0%	71.1%	30.6%
	③付属病院収益	0.0%	0.0%	72.1%	0.0%	0.0%
	④受託研究・受託事業等収益	2.1%	4.4%	1.7%	0.3%	0.4%
	⑤寄付金収益	0.3%	0.7%	1.0%	0.0%	0.3%
	⑥教育研究経費	14.9%	23.3%	6.3%	19.3%	20.2%
	⑦診療経費	0.0%	0.0%	42.0%	0.0%	0.0%
	⑧人件費	60.6%	56.0%	47.5%	66.7%	68.3%
(3) 経営指標						
	①収益指標——経常利益率	1.1%	6.2%	0.5%	11.9%	2.9%
	②健全指標——自己資本比率	87.8%	87.5%	49.8%	68.5%	73.0%

大学名		6 名古屋市立大学	7 大阪市立大学	8 大阪府立大学	9 北九州市立大学	総計	9校の平均値
(1) 財務データ（百万円）							
	①経常収益合計	32,624	49,347	21,561	7,124	209,339	23,260
	②経常費用合計	32,389	48,256	21,442	6,848	205,120	22,791
	③経常利益	235	1,090	119	276	4,215	468
	④当期純利益	437	1,424	125	276	4,641	516
	⑤資産合計	82,444	116,970	104,629	19,646	574,445	63,827
	⑥負債合計	18,251	31,767	32,070	4,442	143,253	15,917
	⑦純資産合計	64,193	85,202	72,559	15,204	431,189	47,910
(2) 経営データ（割合）							
	①運営費交付金収益	20.8%	27.0%	51.7%	30.5%	31.4%	31.4%
	②学生納付金収益	7.4%	10.4%	24.5%	56.2%	14.7%	14.7%
	③付属病院収益	64.9%	53.8%	0.0%	0.0%	43.3%	43.3%
	④受託研究・受託事業等収益	1.8%	3.1%	8.1%	6.5%	3.1%	3.1%
	⑤寄付金収益	1.7%	1.3%	0.5%	0.4%	1.1%	1.1%
	⑥教育研究経費	7.1%	7.9%	20.0%	21.7%	11.6%	11.6%
	⑦診療経費	38.6%	32.6%	0.0%	0.0%	25.9%	25.9%
	⑧人件費	49.4%	51.3%	60.2%	58.2%	52.5%	52.5%
(3) 経営指標							
	①収益指標——経常利益率	0.7%	2.2%	0.6%	3.9%	2.0%	2.0%
	②健全指標——自己資本比率	77.9%	72.8%	69.3%	77.4%	75.1%	75.1%

索　引

ア　行

ACT	163
アイビーリーグ	132
アンケート調査	161
イェール大学	99, 131
イベント・ドリブン戦略	138
依頼人	11
インカムゲイン	36
インフレ連動債券	113
運用可能資産	34
エージェンシー・コスト	11, 145
エージェンシー理論	10
エージェント	11
オルタナティブ	125

カ　行

カーネギー分類	132
外国債券	113
学生納付金	95
学校法人会計基準	48
関西大学	94
帰属収入	63
寄付基金	77
基本金	64
キャピタル損益	37
教授会	8
共通テスト	163
金利スワップ	28
クォーター制	172
ケインズ	86

サ　行

SAT	163
サブプライムローン	27
仕組み債	28
資産運用収入	37
資産運用体制	62
資産処分差額	37
資産売却差額	37
システムダイナミックス	63
終身雇用資格	147
終身雇用制	146
消費支出	63
スタンフォード大学	99
ステークホルダー	14
絶対収益	113
セメスター制	172
全入時代	1
全米大学経営管理者協会	119
総合利回り	38
その他固定資産	34

タ　行

大学四季報	34
代理人	11
田中真紀子	3
中央大学	94
直接利回り	36
通貨オプション取引	38
通貨スワップ	28
テニュア	147
デューク大学	100
デリバティブ	28

天然資源等	126

ナ 行

NACUBO	119
日本型大学モデル	63
任期制	146
年功序列	146
ノースウエスタン大学	99

ハ 行

ハーバード管理会社	109
ハーバード大学	99, 105, 160
ハイイールド債券	113
ハイリスク・ハイリターン	73
評価損	37
評議員会	7
含み損	47
不動産	126
プライベートエクイティ	113, 126
プリンシパル	11

ペイアウト・ルール	77
米国型大学モデル	79
ヘッジファンド	47, 126
ベンチャーキャピタル	126
補助金	96

マ 行

明治大学	94

ラ 行

リーマンショック	27, 56, 119
リーマンブラザーズ	27
理事会	7
利息・配当金収入	36
立命館大学	94
流動資産	34
ローリスク・ローリターン	70

ワ 行

早稲田大学	94

著者紹介

小藤康夫（こふじ・やすお）

1953年10月　東京に生まれる。
1981年3月　一橋大学大学院商学研究科博士課程修了
現　　在　　専修大学商学部教授　商学博士（一橋大学）

主な著書
『マクロ経済と財政金融政策』　白桃書房　1989年
『生命保険の発展と金融』　白桃書房　1991年
『生保金融と配当政策』　白桃書房　1997年
『生保の財務力と危機対応制度』　白桃書房　1999年
『生命保険が危ない』　世界書院　2000年
『日本の銀行行動』　八千代出版　2001年
『生保危機の本質』　東洋経済新報社　2001年
『生保危機を超えて』　白桃書房　2003年
『金融行政の大転換』　八千代出版　2005年
『金融コングロマリット化と地域金融機関』　八千代出版　2006年
『中小企業金融の新展開』　税務経理協会　2009年
『大学経営の本質と財務分析』　八千代出版　2009年
『決算から見た生保業界の変貌』　税務経理協会　2009年
『世界経済危機下の資産運用行動』　税務経理協会　2011年

米国に学ぶ私立大学の経営システムと資産運用

2013年7月30日第1版1刷発行

著　者——小藤康夫
発行者——森口恵美子
印刷所——シナノ印刷
製本所——渡邉製本
発行所——八千代出版株式会社

〒101-0061　東京都千代田区三崎町2-2-13
TEL　03-3262-0420
FAX　03-3237-0723
振替　00190-4-168060

＊定価はカバーに表示してあります。
＊落丁・乱丁本はお取替えいたします。

ISBN 978-4-8429-1613-2　　　　©2013 Printed in Japan